ROUSSEAU

DISCOURS

sur
L'ORIGINE DE L'INÉGALITÉ

avec un aperçu de la vie de Rousseau, une analyse
méthodique du Discours et des Notes de Rousseau,
une étude générale, des éclaircissements, des
questions, des jugements et des sujets de devoirs.

par

Gaston MEYER

Agrégé des Lettres

Bordas

Jean-Jacques Rousseau – Aquarelle anonyme.

© Bordas, Paris 1968 - 1ʳᵉ édition
© Bordas, Paris 1985 pour la présente édition
I.S.B.N. 2-04-016102-3; I.S.S.N. 0249-7220

VIE ET ŒUVRES DE J.-J. ROUSSEAU
(1712-1778)

Enfance
et jeunesse
(1712-1749)

Jean-Jacques Rousseau est né à Genève le 28 juin 1712, d'un père horloger. La mère mourut huit jours après la naissance de l'enfant. Dès l'âge de 6 ans, il se gave de romans et de récits de Plutarque. A 10 ans, il est mis en pension chez le pasteur Lambercier. De 12 à 16 ans, il est apprenti chez un greffier, puis chez un graveur. Il s'enfuit de Genève à 16 ans, rencontre Mme de Warens à Annecy, abjure le calvinisme à Turin, se délecte dans le vagabondage et exerce divers métiers; il s'attache à Mme de Warens pendant plus de dix ans et étudie aux Charmettes ou à Chambéry l'arithmétique, le dessin, la botanique, la musique.

Il arrive à Paris en 1742. En 1743-44, le voici secrétaire de l'ambassade de France à Venise. Revenu à Paris, il se lie avec Thérèse Levasseur, lingère; il fera déposer cinq enfants aux Enfants-Trouvés, mais tous n'étaient probablement pas de lui. Se mêlant à la vie mondaine, il obtient enfin des succès dans l'opéra.

Au vu des trente-cinq premières années de sa vie, il aurait été difficile de deviner que cet être instable composerait un jour des ouvrages ayant la valeur de « sommes » doctrinales.

1745 *Les Muses galantes*, opéra.
1749 *Discours sur les sciences et les arts.*
1749 Articles de *Musique* pour l'*Encyclopédie.*

La maturité
du génie
(1750-1762)

Après le succès du premier *Discours* et de l'opéra *Le Devin du village*, il refuse d'être présenté au roi. Le *Discours « sur l'origine de l'inégalité »* lui fait découvrir sa voie et sa personnalité. Il redevient calviniste, se brouille avec les « philosophes ». En 1756-57, Rousseau séjourne chez Mme d'Épinay et éprouve un amour impossible pour Mme d'Houdetot. Congédié, il s'installe chez le maréchal de Luxembourg, à Montmorency.

La publication de l'*Émile* et du *Contrat social* soulève une tempête à Paris et à Genève, et Rousseau est menacé d'arrestation.

1752	*Le Devin du village*, opéra.
1752	*Narcisse ou l'amant de lui-même*, comédie.
1752	*Lettre sur la musique française.*
1753-54	*Discours sur l'origine de l'inégalité.*
1755	*Discours sur l'économie politique.*
1755 (?)	*Essai sur l'origine des langues.*
1756	*Lettre sur la Providence.*
1757	*Lettres à Sophie sur la vertu et le bonheur.*
1758	*Lettre à d'Alembert sur les spectacles.*
1756-58	*La Nouvelle Héloïse.*
1758-60	*Émile.*
1759-61	*Le Contrat social.*
1762	*Lettres à M. de Malesherbes.*

La vie errante   Menacé à Genève, Rousseau séjourne
(1762-1770)   un temps à Môtiers, ensuite à l'île de
Saint-Pierre, puis à Londres et finalement dans le Dauphiné ou
parfois en Savoie.

1762	*Lettre à Christophe de Beaumont.*
1764	*Lettres écrites de la montagne.*
1764-65	*Lettres à M. Buttafoco sur la législation de la Corse.*
1765-70	*Les Confessions.*

Les dernières années   Il est de retour à Paris en 1770. Les
(1770-1778)   idées qui avaient fait scandale dix ans
plus tôt sont maintenant à la mode. Il copie de la musique, her-
borise, notamment sur les collines de Ménilmontant alors plan-
tées de vignes. Ses crises de délire alternent avec des rémis-
sions. Rousseau meurt en 1778 à Ermenonville, après deux
mois de séjour seulement dans la propriété du Marquis de
Girardin. C'est là qu'il fut inhumé, mais sa tombe est vide de
ses cendres, transférées en 1794 au Panthéon.

1772	*Considérations sur le gouvernement de Pologne.*
1772-76	*Rousseau juge de Jean-Jacques.*
1776-78	*Les Rêveries du promeneur solitaire.*

Les trois derniers ouvrages, autobiographiques, n'ont paru
qu'après la mort de l'auteur.

ROUSSEAU : L'HOMME

Introduction à la connaissance de l'homme On sait qu'il y a eu longtemps une double légende de Rousseau. Pour les uns, c'était le fou paranoïaque, le primaire autodidacte, le comédien de la vertu, le faux naturiste. Pour les autres, le Caton et le Socrate des temps modernes, le restaurateur de la famille et de la religion, le bon vieillard des *Rêveries*.

L'enfance et l'adolescence L'hérédité d'une mère un peu volage, d'un père fantasque et querelleur, l'insuffisance d'éducation sérieuse, trop de changements, l'ambiance trop austère de Genève, une maladie congénitale, produisent une instabilité, une « sauvagerie », une insatisfaction, une hypertrophie de l'imagination.

Rousseau n'a pas eu d'enfance socialement disciplinée, c'est-à-dire de période où, entre l'affection maternelle et la fermeté paternelle, la personnalité se développe régulièrement. Une enfance bien dirigée doit faire sortir de l'enfance.

Il recherchera chez Mme de Warens l'affection, la sécurité que l'enfant trouve chez sa mère. On pourrait même dire que la personnalité remarquable et active de Mme de Warens a remplacé (trop tard et imparfaitement) l'influence qu'aurait dû exercer son père. Elle a fait du vagabond, du fier républicain, un homme capable de tenir sa place dans la société mondaine.

Avant son arrivée à Paris, il apparaît comme un aimable voyageur, parfois peu scrupuleux, bien accueilli presque partout, assez séduisant, une sorte de paysan capable de parvenir. Il ne peut se fixer nulle part; tous les métiers le lassent. Il laisse échapper toutes les chances de succès ou de bonheur qui s'offrent à lui (chez M. de Gouvon; avec la Merceret, Mlle de Graffenried, Mlle Galley qu'il aurait pu épouser, etc.). Inconscient, il se cherche et n'arrive pas à définir sa personne, sa mission.

Le mondain Supérieur à beaucoup de ses contemporains par l'abondance de ses lectures, il réussit mal dans le monde par manque d'expérience, par timidité, par répugnance à rester immobile dans un salon en essayant d'alimenter la conversation. Il croyait pouvoir se pousser dans le monde à Paris, comme il avait fait en Suisse et en Savoie. Il faillit se laisser gagner par les milieux libertins et cyniques et eut quelques faiblesses. Au bout d'une dizaine d'années, il s'aperçut qu'il n'était mondain que par une sorte de paradoxe. Il sentait en lui à la fois l'homme naturel et l'homme social et souffrait de cette confrontation intérieure. Nous devons à cette sensibilité les plus belles antithèses du deuxième *Discours*.

Le vrai Rousseau Mme d'Épinay l'appelle son « ours ».
de la maturité C'est un plébéien parfois ombrageux,
                 maladroit et défiant, qui accepte l'hospi-
talité des grands en exigeant de conserver son indépendance.
Ce n'est pas un « méchant » solitaire. Il conservera toujours
l'amitié du maréchal de Luxembourg, de Milord Maréchal,
du prince de Conti, qui étaient de vrais grands seigneurs. Il
s'entend mal avec les intrigantes, les fats pleins d'affectation,
les libertins cyniques à la mode, les athées. Il lit régulièrement
la Bible.

En ce siècle de conformisme, de vie en société, où règne
l'opinion mondaine, où l'on vit pour les autres, Jean-Jacques
est un introverti. Il vit dans ses rêves : rêve de vertu antique
dans les *Discours*, rêve d'amour lorsqu'il compose *la Nouvelle
Héloïse*, extase dans la nature, rêve d'un Dieu immanent, d'une
cité idéale peuplée d'êtres vertueux. C'est en même temps
un penseur soumis à la raison, un travailleur qui compose avec
difficulté, réfléchit avec lenteur, construit, combat, s'acharne.
Chez lui, les idées naissent d'une rencontre entre l'expérience
personnelle et les souvenirs livresques : mais elles naissent
à retardement, parfois sous l'effet d'une cause extérieure.

Le persécuté Dès la jeunesse, il se considère comme une
            victime; c'est sa hantise. Il remue ce chagrin,
met un amer acharnement à se faire mal, à être pessimiste.
Après 1755, l'idée d'un complot commence à l'obséder. Est-il
fou ? La folie paranoïaque se compose de quatre éléments :
surestimation du moi, méfiance hostile à l'ambiance, fausseté
du jugement, inadaptabilité sociale. Il faut reconnaître que ces
traits existent chez Rousseau, notamment après 1762. Mais
quel est l'homme qui en est entièrement exempt? Et les tempêtes
déchaînées par l'*Émile* étaient capables de démoraliser même
des caractères « normaux ». Jean-Jacques était chagrin, tourmenté, exalté, parfois violent, combatif, plein de contradictions,
incapable, comme Voltaire, de vivre sur sa gloire, de se reposer
en patriarche : « Les personnes sensibles sont plus malheureuses
que les autres. » Du contraste entre sa combativité et sa sensibilité naissent cette crise nerveuse, ce délire de la persécu-
tion. Il s'affirme innocent, se sent coupable, soit par remords,
soit par suggestion, en accuse la société, en appelle à Dieu.

Conclusion Rousseau est très moderne par ses « com-
          plexes », ses « frustrations », sa façon de rejeter
ses fautes sur la société, ses perversions même, ses crises, son
angoisse, son inadaptation à la vie trop injuste.
En lisant les *Confessions*, beaucoup d'hommes du
xxe siècle peuvent se reconnaître dans ce « miroir de l'âme
pécheresse ».

BIBLIOGRAPHIE

Édition critique des discours

Bernard Gagnebin et Marcel Raymond : Rousseau, *Œuvres complètes*, tome III, Pléiade, 1964. (Les *Discours* sont présentés par François Bouchardy et Jean Starobinski.)

Études diverses

Bernard Gagnebin, *A la rencontre de Rousseau*, Georg, Genève, 1962.

Daniel Mornet, *Rousseau*, Hatier-Boivin, 1950.

Jean Guéhenno, *Jean-Jacques, l'histoire d'une conscience*, Gallimard, 1962.

Robert Derathé, *Le Rationalisme de J.-J. Rousseau*, P.U.F., 1948.

Pierre Burgelin, *La Philosophie de l'existence de J.-J. Rousseau*, P.U.F., 1929.

Robert Derathé, *J.-J. Rousseau et la science politique de son temps*, P.U.F., 1950 (Vrin, 1970).

Kraft, *La Politique de J.-J. Rousseau*, Libr. gén. de droit, 1958.

Société des études robespierristes, *J.-J. Rousseau*, Clavreuil, 1963.

Bretonneau, *Valeurs humaines de J.-J. Rousseau*, La Colombe, 1961.

Jean Starobinski, *J.-J. Rousseau, la transparence et l'obstacle*, Plon, 1957 (Gallimard, 1971).

Louis Millet, *La Pensée de Rousseau*, Bordas, 1966.

Mead, *Rousseau ou le romancier enchaîné*, P.U.F., 1966.

Launay, *Rousseau*, P.U.F., 1968; *Rousseau, écrivain politique*, Nizet, 1972.

Salomon-Bayet, *Rousseau ou l'impossible unité*, Seghers, 1968.

Launay et coll., *Rousseau et son temps*, Nizet, 1969.

Gouhier, *Les Méditations métaphysiques de Rousseau*, Vrin, 1970.

Polin, *La politique de la solitude*, Sirey, 1971.

Trousson, *Rousseau et sa fortune littéraire*, Ducros, 1971.

Roussel, *Rousseau en France après la Révolution*, Colin, 1973.

Baczko, *Rousseau, solitude et communauté*, Mouton, 1974.

B. Fay, *Rousseau ou le rêve de la vie*, Plon, 1974.

Leduc-Lafayette, *Rousseau et le mythe de l'Antiquité*, Vrin, 1974.

Moreau, *Rousseau*, P.U.F., 1974.

Ansart-Dourlen, *Dénaturation et violence dans la pensée de Rousseau*, Klincksieck, 1975.

Clément, *Rousseau, De l'Éros coupable à l'Éros glorieux*, La Baconnière, Neuchâtel, 1976.

Goldschmidt, *Rousseau ou l'esprit de solitude*, Phébus, 1978.

Pensée de Rousseau (collectif), Seuil, 1984.

LES DEUX « DISCOURS »

Premier
« Discours »
« Cette année 1749, l'été fut d'une chaleur
» excessive. On compte deux lieues de
» Paris à Vincennes. Peu en état de payer
» des fiacres, à deux heures après midi j'allais à pied quand
» j'étais seul, et j'allais vite pour arriver plus tôt. Les arbres
» de la route, toujours élagués à la mode du pays, ne donnaient
» presque aucune ombre, et souvent, rendu de chaleur et de
» fatigue, je m'étendais par terre n'en pouvant plus. Je
» m'avisai, pour modérer mon pas, de prendre quelque livre.
» Je pris un jour le *Mercure de France,* et tout en marchant
» et le parcourant, je tombai sur cette question proposée par
» l'Académie de Dijon pour le prix de l'année suivante : *Si le*
» *progrès des sciences et des arts a contribué à corrompre ou*
» *à épurer les mœurs.*
» A l'instant de cette lecture je vis un autre univers et je
» devins un autre homme.
» Ce que je me rappelle bien distinctement dans cette occa-
» sion, c'est qu'en arrivant à Vincennes j'étais dans une agi-
» tation qui tenait du délire. Diderot l'aperçut : je lui en dis
» la cause, et je lui lus la prosopopée de Fabricius, écrire au
» crayon sous un chêne. Il m'exhorta de donner l'essor à mes
» idées, et de concourir au prix. Je le fis, et dès cet instant
» je fus perdu. Tout le reste de ma vie et de mes malheurs fut
» l'effet inévitable de cet instant d'égarement.

Cette illumination de Vincennes n'est pas due au hasard. Il y
a des causes générales qui font que cette émotion particulière a
infléchi le destin de Rousseau; ce sont : trente ans d'existence
libre au voisinage de la nature, les lectures exaltantes des
anciens, enfin les déceptions de la vie mondaine. Tout à coup,
l'annonce du succès retentit comme la voix du destin :

« L'année suivante, 1750, comme je ne songeais plus à
» mon *Discours,* j'appris qu'il avait remporté le prix à Dijon.
» Cette nouvelle réveilla toutes les idées qui me l'avaient dicté,
» les anima d'une nouvelle force, et acheva de mettre en fer-
» mentation dans mon cœur ce premier levain d'héroïsme et
» de vertu que mon père, et ma patrie, et Plutarque, y avaient
» mis dans mon enfance. Je ne trouvai plus rien de grand et de
» beau que d'être libre et vertueux, au-dessus de la fortune et
» de l'opinion, et de se suffire à soi-même. »

Entre les deux *Discours* se situe la « réforme » de Rousseau (renonciation au poste de caissier, à l'habit noble, etc.). Le second *Discours* sera le développement des principes du premier :

« J'eus bientôt occasion de les développer tout à fait dans
» un ouvrage de plus grande importance; car ce fut, je pense,
» en cette année 1753 que parut le programme de l'Académie
» de Dijon sur l'*Origine de l'inégalité parmi les hommes*. Frappé
» de cette grande question, je fus surpris que cette Académie
» eût osé la proposer; mais, puisqu'elle avait eu ce courage,
» je pouvais bien avoir celui de la traiter et je l'entrepris.

» Pour méditer à mon aise ce grand sujet, je fis à Saint-
» Germain un voyage de sept ou huit jours, avec Thérèse,
» notre hôtesse, qui était une bonne femme, et une de ses amies.
» Je compte cette promenade pour une des plus agréables de
» ma vie. Il faisait très beau; ces bonnes femmes se chargèrent
» des soins et de la dépense; Thérèse s'amusait avec elles;
» et moi, sans souci de rien, je venais m'égayer sans gêne aux
» heures des repas. Tout le reste du jour, enfoncé dans la forêt,
» j'y cherchais, j'y trouvais l'image des premiers temps, dont
» je traçais fièrement l'histoire; je faisais main basse sur les
» petits mensonges des hommes; j'osais dévoiler à nu leur
» nature, suivre le progrès du temps et des choses qui l'ont
» défigurée, et comparant l'homme de l'homme avec l'homme
» naturel, leur montrer dans son perfectionnement prétendu
» la véritable source de ses misères. Mon âme, exaltée par ces
» contemplations sublimes, s'élevait auprès de la Divinité, et
» voyant de là mes semblables suivre, dans l'aveugle route de
» leurs préjugés, celle de leurs erreurs, de leurs malheurs,
» de leurs crimes, je leur criais d'une faible voix qu'ils ne pou-
» vaient entendre : Insensés qui vous plaignez sans cesse de
» la nature, apprenez que tous vos maux vous viennent de vous.

» De ces méditations résulta le *Discours sur l'inégalité*,
» ouvrage qui fut plus du goût de Diderot que tous mes autres
» écrits, et pour lequel ses conseils me furent le plus utiles,
» mais qui ne trouva dans toute l'Europe que peu de lecteurs
» qui l'entendissent, et aucun de ceux-là qui voulût en parler.
» Il avait été fait pour concourir au prix, je l'envoyai donc,
» mais sûr d'avance qu'il ne l'aurait pas, et sachant bien que
» ce n'est pas pour des pièces de cette étoffe que sont fondés
» les prix des académies. »

L'Académie de Dijon, composée de tranquilles conservateurs, fut effrayée par la hardiesse des thèses de Rousseau et donna le prix à un certain abbé Talbert. Mais Rousseau n'avait plus besoin d'Académie pour manifester son génie.

Le second *Discours* eut en effet plus de lecteurs que le premier; ses thèses s'imposèrent mieux à l'opinion qu'aux juges de Dijon.

SCHÉMA DU « DISCOURS SUR L'ORIGINE DE L'INÉGALITÉ »

Dédicace à Genève :

Définition d'une république idéale.
Souvenirs genevois et compliments.

Préface :

Difficulté de la connaissance de l'homme.
DÉFINITION DE L'HOMME NATUREL : Instinct de conservation et pitié (refus des livres).

Discours :

INÉGALITÉ NATURELLE ET INÉGALITÉ POLITIQUE (refus des faits).

Première partie :

DESCRIPTION DE L'HOMME PRIMITIF
a) Sa vigueur physique : force, adresse, santé le rendent supérieur au civilisé.
b) Son excellence morale : soumis à l'instinct, il a peu de passions, peu de besoins. Il est imprévoyant, heureux.
c) La solitude, gardienne de son bonheur. Quoique supérieur aux animaux par sa liberté et sa perfectibilité, il ne peut faire de « progrès », et reste bon et heureux.
d) Différence entre l'homme naturel et l'homme social. Origine du langage qui exige la société. La pitié du sauvage et l'égoïsme du civilisé. Méfaits de l'amour dans nos sociétés.
CONCLUSION : L'inégalité est faible dans la nature, l'oppression y est impossible, le progrès inexistant. L'humanité reste dans l'enfance.

Deuxième partie :

FORMATION DE L'HOMME SOCIAL
a) La jeunesse du monde. Les hommes sont associés, mais libres. C'est l'état des sauvages actuels.
b) La métallurgie et l'agriculture engendrent la propriété. De là naissent la dépendance, le travail forcé, la différence entre riches et pauvres.
c) Lois d'oppression inventées par les riches contre les pauvres. Réfutation d'autres théories sur l'origine des lois.
d) Le « contrat » social. Les différentes formes de gouvernement.
e) Le despotisme hideux consacre et renforce l'inégalité.
CONCLUSION : Opposition entre l'homme sauvage et l'homme policé, entre l'inégalité naturelle et l'inégalité sociale.

Notes

Texte de l'édition de 1755, corrigé et modernisé. Entre crochets, les additions de l'édition Moultou-Du Peyrou de 1782.

DISCOURS

SUR CETTE QUESTION PROPOSÉE PAR L'ACADÉMIE DE DIJON :

QUELLE EST L'ORIGINE ¹ DE L'INÉGALITÉ
PARMI LES HOMMES
ET SI ELLE EST AUTORISÉE PAR LA LOI NATURELLE?

par Jean-Jacques Rousseau, citoyen de Genève

> Non in depravatis, sed in his quæ bene
> secundum naturam se habent, conside-
> randum est quid sit naturale ².
>
> ARISTOT. *Politic.* I, 2.

DÉDICACE

*Rousseau dédie cet ouvrage à tous les citoyens de sa patrie,
la République de Genève, où l'égalité et l'inégalité sociales
sont heureusement combinées pour le bonheur de tous.*

Si j'avais eu à choisir le lieu de ma naissance, j'aurais
choisi une société d'une grandeur bornée par l'étendue
des facultés humaines, c'est-à-dire par la possibilité d'être
bien gouvernée, et où, chacun suffisant à son emploi, nul
⁵ n'eût été contraint de commettre à d'autres les fonctions dont il était chargé ³; un État où, tous les particuliers se connaissant entre eux, les manœuvres obscures
du vice ni la modestie de la vertu n'eussent pu se dérober
aux regards et au jugement du public, et où cette douce
¹⁰ habitude de se voir et de se connaître fît de l'amour de la
patrie l'amour des citoyens plutôt que celui de la terre ⁴.

*L'auteur aurait voulu « naître sous un gouvernement
démocratique, sagement tempéré », où personne « n'eût pu
se dire au-dessus de la loi ».* **(1)**

Je n'aurais point voulu habiter une république de
nouvelle institution, quelques bonnes lois qu'elle pût avoir,
de peur que le gouvernement, autrement constitué peut-être

Le chiffre en gras et entre parenthèses renvoie aux notes de Rousseau : voir p. 97 et suiv.

1. *Origine* a un sens à la fois logique et historique. — 2. « Ce n'est pas chez les êtres
dépravés mais chez ceux qui se comportent conformément à la nature qu'il faut rechercher
ce qui est naturel. » Observons toutefois que, pour Aristote, l'homme est un « animal politique » et la cité chose naturelle. Noter le titre de *citoyen de Genève*. — 3. La république n'est
possible que dans de petits États. Dès que l'État s'agrandit trop, on aboutit au gouvernement représentatif ou à la monarchie bureaucratique (*cf.* Montesquieu, *Considérations*). —
4. La vie privée, au sens où nous l'entendons, n'existait pas dans les petites républiques de
l'Antiquité. Chaque citoyen connaissait *de visu* les autres. Le vice pouvait y être censuré.
C'est aussi ce que Rousseau demandera dans *le Contrat social*. Ici, il fait, en plusieurs pages
pleines d'emphase, un tableau très flatteur et idéalisé de la république de Genève, ou
plutôt il expose sa propre conception d'une cité idéale.

[15] qu'il ne faudrait pour le moment, ne convenant pas aux nouveaux citoyens, ou les citoyens au nouveau gouvernement, l'État ne fût sujet à être ébranlé et détruit presque dès sa naissance. Car il en est de la liberté comme de ces aliments solides et succulents, ou de ces vins généreux,
[20] propres à nourrir et fortifier les tempéraments robustes qui en ont l'habitude, mais qui accablent, ruinent et enivrent les faibles et délicats qui n'y sont point faits [1]. Les peuples, une fois accoutumés à des maîtres, ne sont plus en état de s'en passer. S'ils tentent de secouer le joug, ils
[25] s'éloignent d'autant plus de la liberté que, prenant pour elle une licence [2] effrénée qui lui est opposée, leurs révolutions les livrent presque toujours à des séducteurs [3], qui ne font qu'aggraver leurs chaînes. Le peuple romain lui-même, ce modèle de tous les peuples libres, ne fut point en état
[30] de se gouverner en sortant de l'oppression des Tarquins. Avili par l'esclavage et les travaux ignominieux qu'ils lui avaient imposés [4], ce n'était d'abord qu'une stupide populace qu'il fallut ménager et gouverner avec la plus grande sagesse, afin que, s'accoutumant peu à peu à respirer l'air
[35] salutaire de la liberté, ces âmes énervées ou plutôt abruties [5] sous la tyrannie, acquissent par degrés cette sévérité de mœurs et cette fierté de courage qui en firent enfin le plus respectable de tous les peuples. J'aurais donc cherché, pour ma patrie, une heureuse et tranquille république dont
[40] l'ancienneté se perdît en quelque sorte dans la nuit des temps, qui n'eût éprouvé que des atteintes propres à manifester et à affermir dans ses habitants le courage et l'amour de la patrie, et où les citoyens, accoutumés de longue main à une sage indépendance, fussent non seule-
[45] ment libres, mais dignes de l'être [6].

Cette république idéale devrait être pacifique, quoique exercée aux armes et située entre plusieurs grands peuples.

---

1. Comme Montesquieu, Rousseau estime que la forme de gouvernement doit être adaptée à la nature des choses, qu'une constitution théoriquement parfaite ne convient pas à n'importe quel peuple, que la liberté exige beaucoup de « vertu » politique. — 2. Liberté déréglée, sans frein. — 3. Trompeurs. On pense à la licence du Directoire et au césarisme qui s'ensuivit. — 4. Selon Tite-Live, les Tarquins avaient imposé au peuple des travaux serviles (grandes constructions) pour l'empêcher de penser librement. — 5. *Énervées* : qui avaient perdu tout nerf, tout ressort, toute volonté de lutte ; *abruties* : rendues semblables à des bêtes brutes. — 6. La liberté n'est donc pas une solution de facilité. Elle comporte autant de devoirs que de droits. Tout ce passage montre la sagesse politique de Rousseau.

*Le droit de législation y serait commun à tous, mais l'initia-
tive des lois serait réservée aux magistrats. Le peuple les
sanctionnerait. D'ailleurs, c'est l'antiquité des lois qui les
rendrait vénérables. Le pouvoir exécutif y serait aux mains
des magistrats et non du peuple. Les juges et magistrats
seraient éligibles annuellement. Tout le monde ferait preuve
de modération et d'estime réciproque. C'est là que l'auteur
aurait aimé vivre paisiblement, dans une région tempérée,
fertile, charmante. Mais, s'il avait été contraint de finir ses
jours à l'étranger, il aurait dit à ses concitoyens :*

*« Votre situation politique et civile est la meilleure que la
nature puisse comporter. N'étant ni trop riches, ni trop
pauvres, vous conservez votre liberté. Puisse durer toujours
une telle république. Votre bonheur dépend de votre union.
Détruisez tout germe d'aigreur ou de défiance. Ayez
confiance en vos magistrats. Cultivez toutes les vertus
civiques. Gardez-vous d'écouter les discours envenimés. »*

*S'adressant aux magistrats, il loue leur mérite, évoque son
vertueux père, regrette les égarements d'une folle jeunesse.
De simples citoyens, comme son père, sont les égaux des
magistrats par les droits de la nature et de la naissance ;
s'ils sont inférieurs, c'est parce qu'ils ont voulu leur accorder
la préférence ; les magistrats doivent leur en être reconnais-
sants ; à Genève ils le sont effectivement.*

*Les pasteurs sont les meilleurs citoyens, ils pratiquent les
maximes de l'Évangile. Une parfaite union règne entre théologiens et gens de lettres. Les pasteurs auraient horreur de
verser le sang des autres « pour soutenir les prétendus droits
de Dieu ». Les femmes aussi sont vertueuses et modestes,
chastes gardiennes des mœurs et de la paix. Elles corrigent
les travers que les jeunes gens vont prendre à l'étranger
parmi les « femmes perdues ». A Genève on ne trouvera ni
pompe ni plaisirs faciles, mais seulement des hommes.*

*Que les « seigneurs » du Petit Conseil lui pardonnent
si, dans cette dédicace, il a été coupable de quelque « trans-
port indiscret » ou d'une trop vive effusion de son cœur*[1]*!*

---

1. Les Genevois ne surent pas grand gré à Rousseau de cette dédicace. Les familles
patriciennes du Petit Conseil des vingt-cinq n'aimaient pas voir l'auteur s'adresser à tous
les citoyens. Le ton de prédicateur, de législateur, les leçons données, notamment à propos
des troubles de 1737, déplurent généralement, en dépit des manifestations d'humilité de
Jean-Jacques. Dix ans après cette dédicace, Rousseau traitera ces « magistrats intègres »
de « ténébreux oppresseurs ». Il se rendra compte que le régime de Genève est l'aristocratie
(ou l'oligarchie) héréditaire, le pire de tous les régimes selon lui.

PRÉFACE

COMMENT DÉFINIR
L'HOMME NATUREL?
PAR L'INSTINCT DE CONSERVATION
ET LA PITIÉ

La plus utile et la moins avancée de toutes les connaissances humaines me paraît être celle de l'homme (2), et j'ose dire que la seule inscription du temple de Delphes contenait un précepte plus important et plus difficile
5 que tous les gros livres des moralistes [1]. Aussi je regarde le sujet de ce Discours comme une des questions les plus intéressantes que la philosophie puisse proposer, et, malheureusement pour nous, comme une des plus épineuses [2] que les philosophes puissent résoudre : car comment
10 connaître la source de l'inégalité parmi les hommes, si l'on ne commence par les connaître eux-mêmes? et comment l'homme viendra-t-il à bout de se voir tel que l'a formé la nature, à travers tous les changements que la succession des temps et des choses a dû produire dans sa
15 constitution originelle, et de démêler ce qu'il tient de son propre fonds d'avec ce que les circonstances et ses progrès ont ajouté ou changé à son état primitif? Semblable à la statue de Glaucus [3], que le temps, la mer et les orages avaient tellement défigurée qu'elle ressemblait moins à un
20 dieu qu'à une bête féroce, l'âme humaine, altérée au sein de la société par mille causes sans cesse renaissantes, par l'acquisition d'une multitude de connaissances et d'erreurs, par les changements arrivés à la constitution des corps, et par le choc continuel des passions, a, pour ainsi dire,
25 changé d'apparence au point d'être presque méconnaissable; et l'on n'y retrouve plus, au lieu d'un être agissant toujours par des principes certains et invariables, au lieu de cette céleste et majestueuse simplicité dont son auteur

---

1. Telle est l'idée essentielle des *Essais* de Montaigne. Le précepte était : « Connais-toi toi-même, et tu connaîtras l'univers et les Dieux. » Il est plus facile de prêcher la morale que de connaître l'homme. — 2. Elle est très controversée et relève à la fois de la métaphysique, des sciences naturelles, de la logique, du droit, etc. — 3. Une autre raison de cette difficulté est symbolisée par *Glaucus*, simple mortel devenu dieu marin. Cette comparaison fait apparaître, dès les premières lignes, l'opposition fondamentale entre l'homme naturel et l'homme déformé par la société.

l'avait empreinte, que le difforme contraste de la passion
30 qui croit raisonner et de l'entendement en délire.

Ce qu'il y a de plus cruel encore, c'est que, tous les
progrès de l'espèce humaine l'éloignant sans cesse de son
état primitif, plus nous accumulons de nouvelles connaissances, et plus nous nous ôtons les moyens d'acquérir la
35 plus importante de toutes; et que c'est, en un sens, à force
d'étudier l'homme que nous nous sommes mis hors d'état
de le connaître.

Il est aisé de voir que c'est dans ces changements successifs de la constitution [1] humaine qu'il faut chercher la
40 première origine des différences qui distinguent les hommes,
lesquels, d'un commun aveu, sont naturellement aussi
égaux entre eux [2] que l'étaient les animaux de chaque
espèce avant que diverses causes physiques eussent introduit dans quelques-unes les variétés que nous y remar-
45 quons. En effet, il n'est pas concevable que ces premiers
changements, par quelque moyen qu'ils soient arrivés,
aient altéré tout à la fois et de la même manière tous les
individus de l'espèce; mais, les uns s'étant perfectionnés
ou détériorés, et ayant acquis diverses qualités bonnes ou
50 mauvaises qui n'étaient point inhérentes à leur nature,
les autres restèrent plus longtemps dans leur état originel;
et telle fut parmi les hommes la première source de l'inégalité [3], qu'il est plus aisé de démontrer ainsi en général
que d'en assigner avec précision les véritables causes.

55 Que mes lecteurs ne s'imaginent donc pas que j'ose me
flatter d'avoir vu ce qui me paraît si difficile à voir. J'ai
commencé quelques raisonnements, j'ai hasardé quelques conjectures, moins dans l'espoir de résoudre la question que dans l'intention de l'éclaircir et de la réduire à son
60 véritable état[4]. D'autres pourront aisément aller plus loin
dans la même route, sans qu'il soit facile à personne d'arriver au terme. Car ce n'est pas une légère entreprise de

---

1. *La constitution* désigne ce qui est sujet au changement chez l'homme. La « nature » est
au contraire ce qui est inné. — 2. Rousseau affirme le principe de l'égalité naturelle. Semblable aux animaux de même espèce, l'homme primitif ne connaissait pas de société hiérarchisée,
ni même d'inégalité physique notable. — 3. Les changements naturels, dus à des causes physiques qui ont formé des variétés différentes dans les espèces d'animaux, ont hâté l'évolution ou
l'altération de l'homme, produisant la première inégalité naturelle; *cf.* Buffon, *Histoire naturelle*, t. VI (paru deux ans après le *Discours*). — 4. Le problème est tellement vaste que Rousseau « déblaie le terrain », essaye de circonscrire la question, indique les précautions à prendre.

démêler ce qu'il y a d'originaire et d'artificiel dans la
nature actuelle de l'homme, et de bien connaître un état
65 qui n'existe plus, qui n'a peut-être point existé, qui probablement n'existera jamais, et dont il est pourtant nécessaire d'avoir des notions justes pour bien juger de notre
état présent. Il faudrait même plus de philosophie [1] qu'on
ne pense à celui qui entreprendrait de déterminer exacte-
70 ment les précautions à prendre pour faire sur ce sujet de
solides observations; et une bonne solution du problème
suivant ne me paraîtrait pas indigne des Aristotes et des
Plines [2] de notre siècle : *Quelles expériences seraient néces-*
saires pour parvenir à connaître l'homme naturel ; et quels
75 *sont les moyens de faire ces expériences au sein de la société?*
Loin d'entreprendre de résoudre ce problème, je crois
en avoir assez médité le sujet pour oser répondre d'avance
que les plus grands philosophes ne seront pas trop bons
pour diriger ces expériences, ni les plus puissants souverains
80 pour les faire; concours auquel il n'est guère raisonnable
de s'attendre, surtout avec la persévérance ou plutôt la
succession de lumières et de bonne volonté nécessaire
de part et d'autre pour arriver au succès.

Il faut déduire le droit naturel de la nature de l'homme.
Or les savants définissent l'homme naturel par la métaphy-
sique, que les premiers hommes ignoraient parfaitement.
De même, pour définir la loi naturelle, les savants ainsi que
les jurisconsultes anciens et modernes supposent à l'homme
naturel des connaissances qu'il n'a pas, et leurs livres sont
pleins de confusion et de contradictions [3].

Laissant donc tous les livres scientifiques qui ne nous
85 apprennent qu'à voir les hommes tels qu'ils se sont faits [4],
et méditant sur les premières et plus simples opérations
de l'âme humaine, j'y crois apercevoir deux principes

---

1. De science, de logique, de génie, de sagesse. — 2. *Aristote :* ce philosophe génial et universel avait aussi écrit des ouvrages sur la nature et la biologie. *Pline* l'Ancien était surtout un
naturaliste. — 3. On mesurera toute l'originalité de Rousseau si on se rappelle que Montesquieu avait traité du droit positif des gouvernements établis. Pour Rousseau, c'est l'homme
qui a des droits, et non les gouvernements. Il recherche donc les principes mêmes du droit
politique, ce qui l'oblige à découvrir le droit et l'homme naturels. — 4. Rousseau, bien
qu'avide de lectures, rejette la majorité des livres qui sont pour lui source d'erreurs. Même
s'ils croient décrire l'homme naturel, les savants se décrivent eux-mêmes, présentent un
homme modifié par la société, métaphysicien précoce.

antérieurs à la raison, dont l'un nous intéresse ardem-
ment à notre bien-être et à la conservation de nous-mêmes,
⁹⁰ et l'autre nous inspire une répugnance naturelle à voir
périr ou souffrir tout être sensible, et principalement nos
semblables. C'est du concours et de la combinaison que
notre esprit est en état de faire de ces deux principes,
sans qu'il soit nécessaire d'y faire entrer celui de la socia-
⁹⁵ bilité, que me paraissent découler toutes les règles du
droit naturel ; règles que la raison est ensuite forcée de
rétablir sur d'autres fondements [1], quand, par ses développements successifs, elle est venue à bout d'étouffer [2] la
nature.

¹⁰⁰   De cette manière, on n'est point obligé de faire de
l'homme un philosophe [3] avant que d'en faire un homme ;
ses devoirs envers autrui ne lui sont pas uniquement dictés
par les tardives leçons de la sagesse ; et, tant qu'il ne résis-
tera point à l'impulsion intérieure de la commisération,
¹⁰⁵ il ne fera jamais du mal à un autre homme, ni même à
aucun être sensible, excepté dans le cas légitime où, sa
conservation se trouvant intéressée, il est obligé de se
donner la préférence à lui-même. Par ce moyen, on termine
aussi les anciennes disputes sur la participation des ani-
¹¹⁰ maux à la loi naturelle ; car il est clair que, dépourvus de
lumières et de liberté, ils ne peuvent reconnaître cette loi ;
mais, tenant en quelque chose à notre nature par la sensibilité dont ils sont doués, on jugera qu'ils doivent aussi
participer au droit [4] naturel, et que l'homme est assujetti
¹¹⁵ envers eux à quelque espèce de devoirs. Il semble en effet
que, si je suis obligé de ne faire aucun mal à mon semblable,
c'est moins parce qu'il est un être raisonnable que parce
qu'il est un être sensible, qualité qui, étant commune à la
bête et à l'homme, doit au moins donner à l'une le droit
¹²⁰ de n'être point maltraitée inutilement par l'autre.

    Cette même étude de l'homme originel, de ses vrais be-
soins, et des principes fondamentaux de ses devoirs, est
encore le seul bon moyen qu'on puisse employer pour

---

1. Les *fondements* du droit positif (volonté du souverain, intérêt général, etc.). — 2. La raison a *étouffé* la pitié naturelle. — 3. En imaginant une loi naturelle métaphysique. — 4. Les
animaux ont des droits mais ne relèvent pas de la loi (*cf.* Montaigne, II, 11, « De la
Cruauté »).

125 lever ces foules de difficultés qui se présentent sur l'origine
de l'inégalité morale [1], sur les vrais fondements du corps
politique, sur les droits réciproques de ses membres, et sur
mille autres questions semblables, aussi importantes que
mal éclaircies.

130 En considérant la société humaine d'un regard tranquille
et désintéressé, elle ne semble montrer d'abord que la
violence des hommes puissants et l'oppression des faibles [2] :
l'esprit se révolte contre la dureté des uns; on est porté
à déplorer l'aveuglement des autres; et comme rien n'est
135 moins stable parmi les hommes que ces relations exté-
rieures que le hasard produit plus souvent que la sagesse,
et qu'on appelle faiblesse ou puissance, richesse ou pauvreté, les établissements humains paraissent, au premier
coup d'œil, fondés sur des monceaux de sable mouvant [3] :
140 ce n'est qu'en les examinant de près, ce n'est qu'après
avoir écarté la poussière et le sable qui environnent l'édifice,
qu'on aperçoit la base inébranlable sur laquelle il est élevé [4],
et qu'on apprend à en respecter les fondements. Or, sans
l'étude sérieuse de l'homme, de ses facultés naturelles et
145 de leurs développements successifs, on ne viendra jamais
à bout de faire ces distinctions, et de séparer dans l'actuelle
constitution des choses ce qu'a fait la volonté divine [5]
d'avec ce que l'art humain a prétendu faire. Les recherches
politiques et morales, auxquelles donne lieu l'importante
150 question que j'examine, sont donc utiles de toutes manières,
et l'histoire hypothétique [6] des gouvernements est pour
l'homme une leçon instructive à tous égards. En considérant ce que nous serions devenus, abandonnés à nous-
mêmes, nous devons apprendre à bénir celui dont la main
bienfaisante, corrigeant nos institutions et leur donnant
155 une assiette inébranlable, a prévenu les désordres qui

---

1. *L'inégalité morale*, découlant du droit positif, est contraire au droit naturel. — 2. Tel est le point de départ de toute la pensée de Rousseau. La révolution est contenue en germe dans cette phrase. — 3. On ne peut étudier l'homme ou discuter du droit en considérant les lois et les régimes politiques existant, qui ont la fragilité du verre. — 4. *La base* véritable, c'est l'homme naturel et ses droits, le contrat social. — 5. *La volonté divine* a fait l'homme naturel « empreint de céleste et majestueuse simplicité »; il est maintenant défiguré par *l'art humain :* voir le début de la préface. — 6. Il distinguera ce que nous serions devenus, abandonnés à nous-mêmes; ce qui veut dire qu'il raisonnera en excluant Dieu, le surnaturel, la Bible et tous les livres. Les dernières lignes de la Préface sont-elles des formules prudentes et peu sincères ou annoncent-elles le remède que proposera *le Contrat social*? La méthode de raisonnement « hypothétique » a été employée aussi par Diderot (article *Art*).

devraient en résulter, et fait naître notre bonheur des moyens qui semblaient devoir combler notre misère.

Quem te Deus esse
Jussit, et humana qua parte locatus es in re, Disce [1].
PERS., *Sat.* III, v. 71.

1. « Apprends ce que Dieu a ordonné que tu sois et quelle est ta place dans le monde humain. » Cette référence à la volonté divine est une précaution de Rousseau, en même temps qu'une idée importante : l'homme ne doit pas s'étendre au-delà de lui-même.

● **Les transformations de l'histoire** (p. 14-19)

« La vie a sur elle-même une action de perpétuel enfantement [...] l'homme est son propre Prométhée. — tout influe sur tout » (Michelet, Préface de l'*Histoire de France*, 1869).
Rousseau définit avec logique son sujet (l. 1-17) : l'homme est un « être ondoyant et divers ». En biologie et en sociologie les causes et les résultantes sont innombrables. L'homme a même été disloqué, dissocié par la société en deux entités : la passion, qui se mêle de raisonner, et l'entendement qui, au lieu de raisonner, s'adonne aux délires de la passion.

● **L'état naturel et les expériences**

Cet état ne pourra plus être reconstitué (l. 55-83). Même chez les sauvages actuels, il n'existe plus. Enfin, ose dire Rousseau, il n'a peut-être point existé (la même idée se trouve chez Pufendorf). On ne peut prouver qu'il ait existé. Il faudra le supposer par raisonnement, toute observation étant impossible. En raison de l'incertitude de nos connaissances, Rousseau bâtira son système avec la logique pure et le sentiment.
Ce procédé de raisonnement est moins absurde qu'il ne paraît. Il ne faut point rechercher l'homme naturel dans le temps, mais en nous. Il est immanent dans l'homme social.
L'« expérience » consisterait à se servir d'un sauvage comme cobaye, ou à élever des enfants dans une île déserte, à l'abri de toute société, pour observer leur comportement, savoir s'ils ont des idées, s'ils découvrent le feu, la Providence, etc.
① Mais le corps et l'esprit de l'homme actuel sont-ils, à la naissance, les mêmes que ceux des hommes primitifs?
② Y a-t-il des caractères acquis au cours des générations, puis devenus héréditaires, qui modifieraient l'expérience?

● **Les principes primitifs**

Rousseau distingue (l. 121-151) souvent l'amour de soi, spontané, légitime, bon, et l'amour-propre funeste à la société. Pour Rousseau, les deux instincts de conservation et de pitié sont antérieurs à la raison et à la société. Ils procèdent de la conscience et définissent vraiment l'homme naturel.
Ils fondent la morale naturelle.
③ Ne peut-on soutenir que la pitié est une vertu sociale et non primitive?

Frontispice du Discours sur l'inégalité
d'après Eisen, Éd. d'Amsterdam, 1755
(*cf.* p. 116-117)

DISCOURS

SUR L'ORIGINE ET LES FONDEMENS
DE L'INEGALITE PARMI LES HOMMES.

Par JEAN JAQUES ROUSSEAU
CITOTEN DE GENÈVE.

Non in depravatis, fed in his quæ bene fecundum
naturam fe habent, confiderandum eſt quid fit na-
turale. ARIſTOT. Politic. I. 2.[1]

DISCOURS

INÉGALITÉ NATURELLE
ET INÉGALITÉ POLITIQUE
ÉCARTONS LES FAITS
POUR TROUVER
L'ÉTAT NATUREL

C'est de l'homme que j'ai à parler, et la question que
j'examine m'apprend que je vais parler à des hommes,
car on n'en propose point de semblables quand on craint
d'honorer la vérité [2]. Je défendrai donc avec confiance la
⁵ cause de l'humanité devant les sages qui m'y invitent, et
je ne serai pas mécontent de moi-même si je me rends digne
de mon sujet et de mes juges.

---

1. « Ce qui est naturel, ne le cherchons pas dans les êtres dépravés, mais chez ceux qui
vivent conformément à la nature » (Aristote, *Politique*, I, 2, 1254 a). — 2. S'adressant aux
académiciens de Dijon, il les prévient qu'il va exprimer de dures vérités que la question posée
l'oblige à proclamer.

Je conçois, dans l'espèce humaine, deux sortes d'inégalité : l'une, que j'appelle naturelle ou physique, parce
10 qu'elle est établie par la nature, et qui consiste dans la
différence des âges, de la santé, des forces du corps et des
qualités de l'esprit ou de l'âme ; l'autre, qu'on peut appeler
inégalité morale ou politique, parce qu'elle dépend d'une
sorte de convention, et qu'elle est établie ou du moins auto-
15 risée par le consentement des hommes. Celle-ci consiste
dans les différents privilèges dont quelques-uns jouissent
au préjudice des autres, comme d'être plus riches, plus
honorés, plus puissants qu'eux, ou même de s'en faire
obéir.

20 On ne peut pas demander quelle est la source de l'inégalité naturelle, parce que la réponse se trouverait énoncée
dans la simple définition du mot. On peut encore moins
chercher s'il n'y aurait point quelque liaison essentielle
entre les deux inégalités ; car ce serait demander, en d'autres
25 termes, si ceux qui commandent valent nécessairement
mieux que ceux qui obéissent, et si la force du corps ou de
l'esprit, la sagesse ou la vertu, se trouvent toujours dans
les mêmes individus, en proportion de la puissance ou de
la richesse : question peut-être à agiter entre des esclaves
30 entendus [1] de leurs maîtres, mais qui ne convient pas à
des hommes raisonnables et libres, qui cherchent la vérité [2].

De quoi s'agit-il donc précisément dans ce Discours ?
De marquer dans le progrès des choses le moment [3] où,
le droit succédant à la violence, la nature fut soumise à la
35 loi ; d'expliquer par quel enchaînement de prodiges [4] le
fort put se résoudre à servir le faible, et le peuple à acheter
un repos en idée au prix d'une félicité réelle [5].

Les philosophes, qui ont examiné les fondements de la
société, ont tous senti la nécessité de remonter jusqu'à
40 l'état de nature, mais aucun d'eux n'y est arrivé. Les uns
n'ont point balancé à supposer à l'homme dans cet état
la notion du juste et de l'injuste, sans se soucier de montrer

---

1. Malins, sagaces. *Cf. le Barbier de Séville*, I, 2 : « Aux vertus qu'on exige dans un
domestique, Votre Excellence connaît-elle beaucoup de maîtres qui fussent dignes d'être
valets ? » — 2. *La vérité* que recherche Rousseau dépasse de loin le niveau d'un banal
commérage de laquais. Il évite de traiter une question dangereuse et vaine, qui est un faux
problème. — 3. Rousseau annonce son but. Ce *moment* sera l'établissement des lois. —
4. L'établissement de cette inégalité est un phénomène paradoxal. — 5. Pour avoir un *repos*
illusoire dans l'esclavage, le peuple a sacrifié sa liberté primitive.

qu'il dût [1] avoir cette notion, ni même qu'elle lui fût utile.
D'autres ont parlé du droit naturel que chacun a de con-
45 server ce qui lui appartient [2], sans expliquer ce qu'ils
entendaient par appartenir. D'autres, donnant d'abord au
plus fort l'autorité sur le plus faible, ont aussitôt fait naître
le gouvernement, sans songer au temps qui dut s'écouler
avant que le sens des mots d'autorité et de gouvernement
50 pût exister parmi les hommes [3]. Enfin tous, parlant sans
cesse de besoin, d'avidité, d'oppression, de désirs et d'orgueil, ont transporté à l'état de nature des idées qu'ils
avaient prises dans la société : ils parlaient de l'homme
sauvage, et ils peignaient l'homme civil [4]. Il n'est pas même
55 venu dans l'esprit de la plupart des nôtres de douter que
l'état de nature eût existé, tandis qu'il est évident, par la
lecture des livres sacrés, que le premier homme, ayant
reçu immédiatement de Dieu des lumières et des préceptes,
n'était point lui-même dans cet état [5], et qu'en ajoutant
60 aux écrits de Moïse la foi que leur doit tout philosophe
chrétien, il faut nier que, même avant le déluge, les hommes
se soient jamais trouvés dans le pur état de nature, à
moins qu'ils n'y soient retombés par quelque événement
extraordinaire : paradoxe [6] fort embarrassant à défendre,
65 et tout à fait impossible à prouver.

Commençons donc par écarter tous les faits, car ils ne
touchent point à la question. Il ne faut pas prendre les
recherches dans lesquelles on peut entrer sur ce sujet pour
des vérités historiques, mais seulement pour des raisonne-
70 ments hypothétiques et conditionnels, plus propres à
éclaircir la nature des choses qu'à en montrer la véritable
origine [7], et semblables à ceux que font tous les jours nos
physiciens sur la formation du monde. La religion nous

---

1. *De démontrer* qu'il était possible ou nécessaire qu'il eût cette notion. *Les uns :* Grotius.
Pour Rousseau, le juste et l'injuste sont des notions sociales, non naturelles. Les premiers
hommes vivant isolés n'en avaient même pas besoin. — 2. L'homme naturel, pas plus que
l'animal, n'est un propriétaire. *D'autres :* Pufendorf et Locke. — 3. L'inégalité naturelle
n'engendre pas automatiquement l'inégalité morale qui est permanente. *D'autres :* Hobbes.
— 4. *L'homme* en société, qui n'a plus sa bonté originelle et qui est pourri de vices. Les
philosophes n'ont donc pu définir ni l'état naturel, confondu par eux avec l'état social,
ni le moment où a existé cet état, ni l'enchaînement des différentes phases. — 5. Son *état*
relevait donc du surnaturel et n'était point naturel. Fort habilement, Rousseau évite le
reproche d'impiété en montrant que la plupart des philosophes n'ont pas tenu compte
de la Bible, car ils n'ont point mis en doute l'existence de l'homme naturel. D'après Bossuet
(*Discours sur l'histoire universelle*), Dieu a éduqué les premiers hommes, leur a enseigné
l'agriculture, etc. — 6. Que l'homme, instruit par Dieu, soit retombé dans l'état naturel.
Condillac avait imaginé une seconde chute, survenue après le déluge (*Essai sur l'origine
des connaissances humaines*, 1749). — 7. Allusion à Buffon et à Maupertuis.

ordonne de croire que, Dieu lui-même ayant tiré les
75 hommes de l'état de nature immédiatement après la création, ils sont inégaux parce qu'il a voulu qu'ils le fussent [1];
mais elle ne nous défend pas de former des conjectures ti-
rées de la seule nature de l'homme et des êtres qui l'environnent, sur ce qu'aurait pu devenir le genre humain s'il
80 fût resté abandonné à lui-même [2]. Voilà ce qu'on me demande, et ce que je me propose d'examiner dans ce Discours.
Mon sujet intéressant l'homme en général, je tâcherai
de prendre un langage qui convienne à toutes les nations;
ou plutôt, oubliant les temps et les lieux pour ne songer
85 qu'aux hommes à qui je parle, je me supposerai dans le
Lycée [3] d'Athènes, répétant les leçons de mes maîtres,
ayant les Platon et les Xénocrate [4] pour juges, et le genre
humain pour auditeur.

O homme, de quelque contrée que tu sois, quelles que
90 soient tes opinions, écoute; voici ton histoire telle
que j'ai cru la lire, non dans les livres de tes semblables,
qui sont menteurs, mais dans la nature qui ne ment jamais.
Tout ce qui sera d'elle sera vrai : il n'y aura de faux que
ce que j'y aurai mêlé du mien sans le vouloir. Les temps
95 dont je vais parler sont bien éloignés : combien tu as
changé de ce que tu étais! C'est, pour ainsi dire, la vie de
ton espèce que je te vais décrire d'après les qualités que
tu as reçues, que ton éducation [5] et tes habitudes ont pu
dépraver, mais qu'elles n'ont pu détruire [6]. Il y a, je le
100 sens, un âge auquel l'homme individuel voudrait s'arrêter;
tu chercheras l'âge auquel tu désirerais que ton espèce
se fût arrêtée [7]. Mécontent de ton état présent par des raisons

1. Rousseau prend ses précautions. D'après la religion, Dieu a créé l'homme naturel, puis l'a instruit, puis l'a rendu inégal. L'expression *nous ordonne de croire* est significative. Rousseau n'accepte guère qu'on lui « ordonne de croire ». — 2. Débarrassé de la *Genèse* de Moïse, Rousseau peut aborder son sujet qu'il appelle *conjectures... sur ce qu'aurait pu devenir le genre humain.* Si ces conjectures sont hérétiques, la faute en incombe à l'Académie qui a posé la question. Des théologiens avaient d'ailleurs déjà raisonné sur cet état de nature (Suarez, Raymond Sebond, Montaigne et Pascal). — 3. *Dans le* quartier d'Athènes appelé *Lycée* se trouvait un gymnase, avec les galeries couvertes duquel Aristote donnait ses leçons de philosophie. Par cette supposition, Rousseau montre son souci du général, son « idéalisme ». — 4. *Xénocrate* essaya de concilier la doctrine de *Platon,* son maître, et celle de Pythagore. Il était réputé pour la pureté de ses mœurs. — 5. L'*éducation* courante mondaine, critiquée dans l'*Émile.* — 6. L'homme naturel et bon vit toujours, masqué par l'homme social. — 7. Les hommes regrettent de n'être pas restés éternellement à l'âge de leur jeunesse. De même on aurait aimé que le monde, parvenu à sa jeunesse, eût cessé d'évoluer. Cette comparaison était un lieu commun. Fontenelle insistait sur le progrès, sans croire à la vieillesse du monde et à sa décrépitude. Rousseau sait que la nature ne rétrograde pas : il voudrait arrêter le temps. Diderot croit à une renaissance possible des espèces après le dépérissement.

qui annoncent à ta postérité malheureuse de plus grands
mécontentements encore [1], peut-être voudrais-tu pouvoir
105 rétrograder; et ce sentiment [2] doit faire l'éloge de
tes premiers aïeux, la critique de tes contemporains, et
l'effroi de ceux qui auront le malheur de vivre après toi.

---

1. L'accroissement de l'inégalité, ou sa prise de conscience par le peuple, provoqueront
la révolution. — 2. Mécontentement devant le présent, regret du passé.

● **Inégalité naturelle et politique** (p. 21-25)

Rousseau formule clairement (l. 9-19) sa thèse fondamentale,
qu'il rappellera dans la conclusion. Elle est le fruit du raisonnement et de l'observation : l'homme le mieux formé par la nature,
physiquement ou moralement, est fréquemment soumis par le
droit positif à un être vil et dégénéré (ex. Rousseau et M. de
Montaigu; Thraséa et Néron). Il peut aussi arriver que les privilèges sociaux soient attribués à des hommes que la nature a
rendus supérieurs (ex. Alexandre, Épaminondas). L'inégalité
morale est donc d'autant plus injuste qu'elle ne l'est pas toujours. Rousseau contredit ici la thèse de Pufendorf qui admet
simultanément l'égalité naturelle et l'inégalité civile. D'autre
part, selon Vauvenargues, « il est faux que l'égalité soit une
loi de la nature » (*Maximes*, 227).
① Peut-on concevoir une cité parfaite où l'inégalité morale
coïnciderait avec l'inégalité naturelle?

● **Écartons tous les faits** (l. 66)

On a beaucoup reproché à Rousseau cette attitude paradoxale.
Bien que Francis Bacon eût déjà formulé les principes de la
méthode expérimentale dont la première démarche est l'observation des faits, il était encore fréquent en 1750 de raisonner sur
des théories plus que sur des faits.
Les faits que Rousseau écarte, ce sont ceux que l'on trouve dans
les livres, notamment ceux de Moïse, peut-être les observations
ou hypothèses des savants. Rousseau ne fait pas une étude d'anatomie comparée pour savoir si l'homme descend du singe, il ne
raconte pas les ères de la préhistoire, n'interprète pas la *Genèse*.
Il lit dans la nature, c'est-à-dire dans ce qui subsiste actuellement de la nature primitive, dans sa conscience et son cœur,
dans son expérience naturelle.
Il reconstitue par le raisonnement des vérités nécessaires que
les faits ne peuvent contredire. D'autres auteurs avaient distingué l'homme de la nature et l'homme de la création (le
P. Lamy; Diderot, dans l'*Apologie de l'abbé de Prades*).
② N'y a-t-il pas, dans le dernier paragraphe (l. 89-107), un
mélange d'émotion sincère et d'emphase? Comparez ce mouvement : *O homme...*, au début des *Confessions*.

PREMIÈRE PARTIE

MODE DE VIE, ENDURANCE, SANTÉ DES PREMIERS HOMMES

Quelque important qu'il soit, pour bien juger de l'état naturel de l'homme, de le considérer dès son origine et de l'examiner, pour ainsi dire, dans le premier embryon de l'espèce, je ne suivrai point son organisation à travers ses
5 développements successifs [1] : je ne m'arrêterai pas à rechercher dans le système animal ce qu'il put être au commencement pour devenir enfin ce qu'il est. Je n'examinerai pas si, comme le pense Aristote, ses ongles allongés ne furent point d'abord des griffes crochues; s'il n'était
10 point velu comme un ours, et si, marchant à quatre pieds (3), ses regards dirigés vers la terre, et bornés à un horizon de quelques pas, ne marquaient point à la fois le caractère et les limites de ses idées [2]. Je ne pourrais former sur ce projet que des conjectures vagues, et presque imaginaires :
15 l'anatomie comparée a fait encore trop peu de progrès, les observations des naturalistes sont encore trop incertaines [3], pour qu'on puisse établir sur de pareils fondements la base d'un raisonnement solide; ainsi, sans avoir recours aux connaissances surnaturelles que nous avons
20 sur ce point, et sans avoir égard aux changements qui ont dû survenir dans la conformation tant intérieure qu'extérieure de l'homme, à mesure qu'il appliquait ses membres à de nouveaux usages et qu'il se nourrissait de nouveaux aliments [4], je le supposerai conformé de tout temps comme
25 je le vois aujourd'hui, marchant à deux pieds, se servant de ses mains comme nous faisons des nôtres, portant ses regards sur toute la nature, et mesurant des yeux la vaste étendue du ciel [5].

En dépouillant cet être, ainsi constitué, de tous les dons
30 surnaturels qu'il a pu recevoir, et de toutes les facultés

---

1. Conséquence du principe qui incite Rousseau à écarter les faits. — 2. La description de l'homme des bois est un lieu commun traditionnel. Rousseau ne fait pas descendre l'homme de l'animal, puisqu'il le distingue par la liberté. Son « transformisme » est restreint. — 3. Raison pour « écarter les faits ». — 4. Le transformisme n'avait pas encore été admis par Buffon dans les premiers volumes publiés en 1749 de son *Histoire naturelle*. — 5. Ovide, Cicéron, Aristote avaient loué la verticalité de l'homme qui lui permet de contempler le ciel. Sénèque considère la station debout comme une preuve de la vocation surnaturelle de l'homme. Montaigne observe qu'elle nous est commune avec les autruches et les singes.

artificielles qu'il n'a pu acquérir que par de longs progrès; en le considérant, en un mot, tel qu'il a dû sortir des mains de la nature [1], je vois un animal moins fort que les uns, moins agile que les autres, mais, à tout prendre, organisé [2]
35 le plus avantageusement de tous : je le vois se rassasiant sous un chêne, se désaltérant au premier ruisseau, trouvant son lit au pied du même arbre qui lui a fourni son repas, et voilà ses besoins satisfaits [3].

La terre abandonnée à sa fertilité naturelle [4] **(4)**, et
40 couverte de forêts immenses que la cognée ne mutila jamais, offre à chaque pas des magasins [5] et des retraites aux animaux de toute espèce. Les hommes, dispersés parmi eux, observent, imitent leur industrie, et s'élèvent ainsi jusqu'à l'instinct des bêtes, avec cet avantage que chaque
45 espèce n'a que le sien propre, et que l'homme, n'en ayant peut-être aucun qui lui appartienne, se les approprie tous, se nourrit également de la plupart des aliments divers **(5)** que les autres animaux se partagent, et trouve par conséquent sa subsistance plus aisément que ne peut faire
50 aucun d'eux.

Accoutumés dès l'enfance aux intempéries de l'air et à la rigueur des saisons, exercés à la fatigue et forcés de défendre nus et sans armes leur vie et leur proie contre les autres bêtes féroces, ou de leur échapper à la course, les
55 hommes se forment un tempérament robuste et presque inaltérable; les enfants, apportant au monde l'excellente constitution de leurs pères et la fortifiant par les mêmes exercices qui l'ont produite, acquièrent ainsi toute la vigueur dont l'espèce humaine est capable. La nature en
60 use précisément avec eux comme la loi de Sparte [6] avec

---

1. Noter avec quel soin Rousseau délimite son sujet : l'homme naturel n'est ni civilisé ni surnaturel. — 2. La supériorité de l'homme n'est pas dans sa force pure mais dans la synthèse de sa construction. — 3. Rousseau « voit », rêve. C'est un imaginatif. Ce tableau évoque les vagabondages du jeune Rousseau. Il s'inspire aussi de Lucrèce, de Pufendorf. Mais Pufendorf croit les premiers hommes malheureux. — 4. La terre est fertile parce qu'elle est abandonnée à la nature. Plus tard, l'homme détruira cette fertilité. — 5. Des réserves de vivres : idée optimiste qui fait de la forêt vierge un paradis terrestre. Il est pourtant des forêts naturelles où l'homme mourrait de faim, faute de trouver des fruits. — 6. Les Spartiates pratiquaient l'eugénisme, c'est-à-dire la sélection. Tous les enfants mal formés étaient éliminés dès la naissance. Cette sélection opérée par la nature (survivance du plus apte), ou voulue par la société, répugne à notre conscience moderne. N'a-t-on pas appelé les Spartiates les « hitlériens de la Grèce »? En 331 av. J.-C. Sparte n'avait plus que mille citoyens, issus de cette race « supérieure ». Rousseau développera son idée dans l'*Émile*. (Dans les *Confessions* il nous dit qu'il est « né presque mourant » et n'a vécu que grâce aux soins de sa tante. Il n'a donc pas « profité » de la *loi de Sparte*.)

les enfants des citoyens; elle rend forts et robustes ceux
qui sont bien constitués, et fait périr tous les autres :
différente en cela de nos sociétés, où l'État, en rendant
les enfants onéreux aux pères, les tue indistinctement avant
65 leur naissance [1].

Le corps de l'homme sauvage étant le seul instrument
qu'il connaisse, il l'emploie à divers usages, dont, par le
défaut d'exercice, les nôtres sont incapables [2]; et c'est
notre industrie qui nous ôte la force et l'agilité que la
70 nécessité l'oblige d'acquérir. S'il avait eu une hache, son
poignet romprait-il de si fortes branches? S'il avait eu une
fronde, lancerait-il de la main une pierre avec tant de
roideur? S'il avait eu une échelle, grimperait-il si légèrement
sur un arbre? S'il avait eu un cheval, serait-il si vite à la
75 course? Laissez à l'homme civilisé le temps de rassembler
toutes ces machines [3] autour de lui, on ne peut douter
qu'il ne surmonte facilement l'homme sauvage; mais si
vous voulez voir un combat plus inégal encore, mettez-les
nus et désarmés vis-à-vis l'un de l'autre, et vous reconnaî-
80 trez bientôt quel est l'avantage d'avoir sans cesse toutes
ses forces à sa disposition, d'être toujours prêt à tout événement et de se porter, pour ainsi dire, toujours tout entier
avec soi [4] **(6)**.

Hobbes [5] prétend que l'homme est naturellement intré-
85 pide et ne cherche qu'à attaquer et combattre. Un philosophe illustre [6] pense au contraire, et Cumberland et
Pufendorf [7] l'assurent aussi, que rien n'est si timide que
l'homme dans l'état de nature, et qu'il est toujours trem-
blant et prêt à fuir au moindre bruit qui le frappe, au moin-
90 dre mouvement qu'il aperçoit.

---

1. Rousseau est indigné de cette situation contraire à la nature. Dans l'état naturel, les enfants ne sont pas *onéreux,* parce que « les fruits sont à tous…, la terre n'est à personne » (p. 56, 1.8). Dans l'état social, certains préfèrent n'avoir pas d'enfants (ainsi forts ou faibles sont « tués indistinctement ») plutôt que de se ruiner en devenant pères d'une famille coû- teuse à élever. — 2. L'homme sauvage a, dans ce domaine, une incontestable supériorité, et l'homme civilisé est un dégénéré. Cette vérité a été mise en lumière au xxᵉ siècle, notamment par G. Hébert dans sa *Méthode naturelle d'éducation plysique.* — 3. « Mécanique victoire », disait Montaigne de celle remportée par les Espagnols sur les peuples du Nouveau Monde. Rousseau a horreur des *machines,* notamment dans le domaine de l'éducation. — 4. Idéal du sage stoïcien, ou de Diogène. — 5. *Hobbes,* souvent combattu par Rousseau, professe qu'à l'état de nature tout homme a droit à tout. C'est « la guerre de tous contre tous ». Elle est, selon lui, un aspect de l'égalité naturelle. — 6. Montesquieu, dans *l'Esprit des lois,* I, 2. — 7. *Cumberland,* prélat anglican, philosophe (1631-1718), a écrit un ouvrage sur les lois naturelles dirigé contre les idées de Hobbes. *Pufendorf* (1632-1694), vulgarisateur de Grotius, affirme que la paix est l'état naturel. Il fonde le droit sur un contrat social.

L'homme naturel est effrayé par tout fait nouveau. (Mais les dangers et les surprises sont moins redoutables dans l'état de nature que dans la société.) Il tient tête ou échappe aux animaux ; ceux-ci le respectent et ne l'attaquent pas. Il devient courageux par expérience.

[Voilà sans doute les raisons pourquoi les nègres et les sauvages se mettent si peu en peine des bêtes féroces qu'ils peuvent rencontrer dans les bois. Les Caraïbes de Venezuela vivent entre autres, à cet égard, dans la plus
95 profonde sécurité et sans le moindre inconvénient. Quoiqu'ils soient presque nus, dit François Corréal, ils ne laissent pas de s'exposer hardiment dans les bois, armés seulement de la flèche et de l'arc; mais on n'a jamais ouï dire qu'aucun d'eux ait été dévoré des bêtes [1]] (Éd. 1782).

Il ne faut pas s'imaginer que cet homme est faible et victime des infirmités naturelles : l'enfant est mieux protégé que les petits des animaux ; l'homme est exempt des maladies de la civilisation. Le vieillard finit par s'éteindre sans douleur, presque inconsciemment (7) (**8**).

100 A l'égard des maladies, je ne répéterai point les vaines et fausses [2] déclamations que font contre la médecine la plupart des gens en santé; mais je demanderai s'il y a quelque observation solide de laquelle on puisse conclure que, dans les pays où cet art est le plus négligé, la vie moyenne
105 de l'homme soit plus courte que dans ceux où il est cultivé avec le plus de soin [3]. Et comment cela pourrait-il être, si nous nous donnons plus de maux que la médecine ne

---

1. Ce paragraphe a été ajouté par Rousseau après la lecture des *Voyages de François Corréal aux Indes occidentales* (1722), texte utilisé aussi par Buffon. (Ce qui est vrai en Amérique ne l'est pas nécessairement en Afrique ou en Asie.) Les remarques un peu optimistes de Rousseau sont valables pour un sauvage prudent. Il faut donc considérer cette page comme une démonstration logique plus qu'expérimentale. — 2. Rousseau se refuse à faire une banale et facile satire de la médecine. Il écrira dans l'*Émile* : « Combien l'impatience, la crainte, l'inquiétude, et surtout les remèdes, ont tué de gens que leur maladie aurait épargnés et que le temps seul aurait guéris ! On me dira que les animaux, vivant d'une manière plus conforme à la nature, doivent être sujets à moins de maux que nous. Hé! bien, cette manière de vivre est précisément celle que je veux donner à mon élève. » — 3. Dans son premier *Discours*, Rousseau signale que les Romains bannirent la médecine de leur République. *Cf.* Montaigne, II, 37, où l'histoire d'un médecin qui introduit maladies et drogues chez une population naturellement saine annonce la comédie de Jules Romains, *Knock*.

peut nous fournir de remèdes [1]? L'extrême inégalité dans
la manière de vivre, l'excès d'oisiveté dans les uns, l'excès
110 de travail dans les autres, la facilité d'irriter et de satis-

---

1. Ce ne sont pas les médecins, mais nos vices, nos passions qui sont la cause de nos
maux.

● **L'homme et l'instinct animal** (p. 27, l. 39-50)

L'homme est d'abord inférieur aux bêtes parce qu'il n'a pas
leur instinct. Mais, comme chaque espèce n'a qu'un instinct
propre (ronger, bâtir, chasser à l'affût, cueillir des fruits, tendre
des pièges, etc.), l'homme peut imiter tous les animaux, peut
devenir omnivore, alors que les autres animaux sont ou car-
nivores ou herbivores ou frugivores, etc. Sa supériorité est
donc dans cette faculté naturelle d'adaptation, d'imitation.
C'est une idée aristotélicienne. Selon Pic de la Mirandole,
l'homme peut choisir de faire l'ange ou la bête. Montaigne
estime la condition des bêtes plus heureuse. L'opposition entre
l'instinct et la connaissance se trouve chez La Mettrie et Buffon.

● **« L'homme qui médite est un animal dépravé »** (p. 31, l. 126)

Continuateur d'une tradition naturiste (représentée notamment par Hippocrate, Sénèque, Montaigne, La Bruyère, Fénelon,
Voltaire), Rousseau énumère, en hygiéniste plus qu'en médecin,
les causes de nos maladies physiques et mentales. Surmenage
ou sédentarité, cuisine raffinée, sous-alimentation, passions,
épuisement nerveux, obsessions dévorantes. La multiplication
des maladies d'usure au XXe siècle, notamment des troubles
mentaux et des suicides, donne toute leur valeur aux vues pro-
phétiques de Rousseau. Il ne veut pas remédier à ces maladies
par la science médicale, simple pis-aller, mais par sa morale.
Il veut prévenir le mal.
L'expression frappante et célèbre, *animal dépravé*, doit donc
être expliquée avant tout par rapport à son contexte. Elle
s'oppose à une phrase de Diderot : « Celui qui ne veut pas
raisonner, renonçant à la qualité d'homme, doit être traité
comme un animal dénaturé » (*Encyclopédie*, art. « Droit naturel »). L'homme naturel, pourvu de tous les biens, n'a aucun
souci, aucune passion; il est bon, heureux, en bonne santé.
C'est un animal supérieur. Il n'a pas besoin de méditer. Le
civilisé se tourmente, se crée des besoins, veut par la réflexion
s'élever au-dessus de sa condition. Par là il dégénère, se déprave,
déchoit de son bonheur naturel et tombe plus bas que l'animal
qui n'a pas tous les vices humains.
① Était-il possible à l'homme de continuer à vivre « solitaire »?
② Développer le point de vue de Diderot.

faire nos appétits et notre sensualité, les aliments trop
recherchés des riches, qui les nourrissent de sucs échauf-
fants et les accablent d'indigestions, la mauvaise nourriture
des pauvres, dont ils manquent même le plus souvent,
115 et dont le défaut les porte à surcharger avidement leur
estomac dans l'occasion, les veilles, les excès de toute espèce,
les transports immodérés de toutes les passions, les fa-
tigues et l'épuisement d'esprit, les chagrins et les peines
sans nombre qu'on éprouve dans tous les états et dont
120 les âmes sont perpétuellement rongées : voilà les funestes
garants que la plupart de nos maux sont notre propre
ouvrage, et que nous les aurions presque tous évités en
conservant la manière de vivre simple, uniforme et solitaire qui nous était prescrite par la nature. Si elle nous a
125 destinés à être sains, j'ose presque assurer que l'état
de réflexion est un état contre nature, et que l'homme qui
médite est un animal dépravé. Quand on songe à la bonne
constitution des sauvages, au moins de ceux que nous
n'avons pas perdus avec nos liqueurs fortes [1], quand on
130 sait qu'ils ne connaissent presque d'autres maladies que
les blessures et la vieillesse, on est très porté à croire qu'on
ferait aisément l'histoire des maladies humaines en suivant
celle des sociétés civiles [2]. C'est au moins l'avis de Platon,
qui juge, sur certains remèdes employés ou approuvés par
135 Podalire et Macaon au siège de Troie, que diverses maladies que ces remèdes devaient exciter n'étaient point encore
alors connues parmi les hommes [3]; [et Celse rapporte que
la diète, aujourd'hui si nécessaire, ne fut inventée que par
Hippocrate [4].] (Éd. 1782).

---

1. Au XIXᵉ siècle, plusieurs belles tribus de l'Amérique du Nord et de l'Afrique du Sud ont
été pratiquement exterminées par l'eau-de-vie qui a fait dégénérer les indigènes et les a rendus réceptifs aux maladies importées par la civilisation (tuberculose, syphilis). — 2. Les maladies inconnues à l'état naturel et apportées par la civilisation sont un des arguments les plus
valables de la démonstration de Rousseau. Buffon avait aussi comparé la santé de l'homme et
celle de l'animal (t. VII). — 3. Raison assez faible étant donné le caractère légendaire des
faits. *Macaon* et *Podalire* sont des médecins grecs nommés par Homère. Tous deux étaient fils
d'Esculape. — 4. *Hippocrate* mettait souvent ses malades à la diète liquide (suppression des
aliments solides), ce qui prouve qu'ils étaient trop gros ou que leur organisme était surchargé
d'une manière quelconque, par suite du luxe ou du confort. Cette pléthore ne pouvait se produire chez l'homme naturel. (Hippocrate ne met jamais à la diète un malade maigre, mais il le
nourrit au contraire, même en pleine fièvre). Notons que la critique moderne a mis en doute
l'existence d'Hippocrate, comme celle d'Homère. On a observé que les animaux sauvages se
mettent spontanément à jeûner en cas de malaise, ou à certaines saisons.

LA NATURE GUÉRIT ET PRÉVOIT

Avec si peu de sources de maux, l'homme dans l'état de nature n'a donc guère besoin de remèdes, moins encore de médecins; l'espèce humaine n'est point non plus à cet égard de pire condition que toutes les autres, et il est aisé
5 de savoir des chasseurs si dans leurs courses ils trouvent beaucoup d'animaux infirmes [1]. Plusieurs en trouvent-ils qui ont reçu des blessures considérables très bien cicatrisées, qui ont eu des os et même des membres rompus, et repris sans autre chirurgien que le temps, sans autre
10 régime que leur vie ordinaire, et qui n'en sont pas moins parfaitement guéris, pour n'avoir point été tourmentés d'incisions, empoisonnés de drogues, ni exténués de jeûnes [2]. Enfin, quelque utile que puisse être parmi nous la médecine bien administrée, il est toujours certain que si
15 le sauvage malade, abandonné à lui-même, n'a rien à espérer que de la nature, en revanche il n'a rien à craindre que de son mal [3]; ce qui rend souvent sa situation préférable à la nôtre.

Gardons-nous donc de confondre l'homme sauvage avec
20 les hommes que nous avons sous les yeux. La nature traite tous les animaux abandonnés à ses soins avec une prédilection qui semble montrer combien elle est jalouse de ce droit. Le cheval, le chat, le taureau, l'âne même, ont la plupart une taille plus haute, tous une constitution plus
25 robuste, plus de vigueur, de force et de courage dans les forêts que dans nos maisons; ils perdent la moitié de ces avantages en devenant domestiques, et l'on dirait que tous nos soins à bien traiter et nourrir ces animaux n'aboutissent qu'à les abâtardir [4]. Il en est ainsi de l'homme même :
30 en devenant sociable et esclave, il devient faible, craintif,

---

1. N'oublions pas qu'il règne, parmi les animaux sauvages d'une même espèce ou entre espèces différentes, une sélection naturelle; en cas de surpeuplement, les épidémies sévissent aussi parmi eux pour rétablir cet « équilibre naturel ». — 2. Critique de la médecine « interventionniste ». Hippocrate préférait l'expectative, et laissait faire la nature : *primum non nocere.* En médecine naturiste les jeûnes ne sont pas prescrits systématiquement pour « exténuer » le malade, mais servent uniquement à éliminer la pléthore. — 3. Et non des médecins. — 4. La comparaison entre animaux domestiques et sauvages permet de mesurer la différence entre l'homme naturel et l'homme civilisé.

rampant, et sa manière de vivre molle et efféminée achève
d'énerver à la fois sa force et son courage. Ajoutons
qu'entre les conditions sauvage et domestique la différence d'homme à homme doit être plus grande encore que
35 celle de bête à bête; car, l'animal et l'homme ayant été
traités également par la nature, toutes les commodités
que l'homme se donne de plus qu'aux animaux [1] qu'il
apprivoise sont autant de causes particulières qui le font
dégénérer plus sensiblement.

40   Ce n'est donc pas un si grand malheur [2] à ces premiers
hommes, ni surtout un si grand obstacle à leur conservation,
que la nudité, le défaut d'habitation, et la privation de
toutes ces inutilités que nous croyons si nécessaires [3].
S'ils n'ont pas la peau velue, ils n'en ont aucun besoin
45 dans les pays chauds, et ils savent bientôt, dans les pays
froids, s'approprier celle des bêtes qu'ils ont vaincues;
s'ils n'ont que deux pieds pour courir, ils ont deux bras
pour pourvoir à leur défense et à leurs besoins; leurs
enfants marchent peut-être tard et avec peine, mais les
50 mères les portent avec facilité; avantage qui manque aux
autres espèces, où la mère, étant poursuivie, se voit contrainte d'abandonner ses petits ou de régler son pas sur
le leur [4]. Enfin, à moins de supporter ces concours singu-
liers et fortuits de circonstances dont je parlerai dans la
55 suite, et qui pouvaient fort bien ne jamais arriver, il est
clair, en tout état de cause, que le premier qui se fit des
habits ou un logement se donna en cela des choses peu
nécessaires, puisqu'il s'en était passé jusqu'alors [5], et
qu'on ne voit pas pourquoi il n'eût pu supporter, homme
60 fait, un genre de vie qu'il supportait dès son enfance.

    Seul, oisif, et toujours voisin du danger, l'homme
sauvage doit [6] aimer à dormir, et avoir le sommeil léger
comme les animaux, qui, pensant peu, dorment, pour
ainsi dire, tout le temps qu'ils ne pensent point [7]. Sa

---

1. Privés de luxe et nourris sobrement, les animaux domestiques dégénèrent moins que
l'homme. D'ailleurs, l'éleveur pratique souvent une sélection par élimination du plus faible.
— 2. On a coutume de plaindre la misère des premiers hommes et de ceux qui sont comme
eux. — 3. Pour Voltaire (*Le Mondain*), le superflu est « nécessaire ». — 4. Une addition
de 1782 décrit ici l'animal appelé sarigue ou opossum. — 5. Rousseau nie le besoin même
de progrès, de confort, chez l'homme non corrompu. — 6. *Doit* : il s'agit toujours d'une
construction de l'esprit. Pour Buffon, le sommeil est un état fondamental chez l'animal
(*Histoire naturelle*, t. VIII, 1753). — 7. Les animaux *pensent* (voir p. 35, l. 109), ainsi que
l'homme naturel.

65 propre conservation faisant presque son unique soin, ses
facultés les plus exercées doivent être celles qui ont pour
objet principal l'attaque et la défense, soit pour subjuguer
sa proie, soit pour se garantir d'être celle d'un autre animal; au contraire, les organes qui ne se perfectionnent
70 que par la mollesse et la sensualité doivent rester dans un
état de grossièreté qui exclut en lui toute espèce de délicatesse; et, ses sens se trouvant partagés sur ce point, il
aura le toucher et le goût d'une rudesse extrême [1], la vue,
l'ouïe et l'odorat de la plus grande subtilité : tel est l'état
75 animal en général, et c'est aussi, selon le rapport des
voyageurs, celui de la plupart des peuples sauvages [2].
Ainsi il ne faut point s'étonner que les Hottentots du cap
de Bonne-Espérance découvrent à la simple vue des vaisseaux en haute mer d'aussi loin que les Hollandais avec
80 des lunettes; ni que les sauvages de l'Amérique sentissent
les Espagnols à la piste, comme auraient pu faire les meilleurs chiens; ni que toutes ces nations barbares supportent
sans peine leur nudité, aiguisent leur goût à force de
piment [3], et boivent les liqueurs européennes comme de
85 l'eau.

Je n'ai considéré jusqu'ici que l'homme physique;
tâchons de le regarder maintenant par le côté métaphysique et moral.

Je ne vois dans tout animal qu'une machine ingénieuse,
90 à qui la nature a donné des sens pour se remonter elle-
même, et pour se garantir, jusqu'à un certain point, de
tout ce qui tend à la détruire ou à la déranger. J'aperçois
précisément les mêmes choses dans la machine humaine,
avec cette différence que la nature seule fait tout dans les
95 opérations de la bête, au lieu que l'homme concourt aux
siennes en qualité d'agent libre. L'une choisit ou rejette par
instinct, et l'autre par un acte de liberté; ce qui fait que

---

1. N'étant pas gourmand, il ne sera pas sensible à nos raffinements culinaires. Toutefois, son goût lui fera reconnaître d'instinct les liquides ou fruits vénéneux. (La distinction des sens se retrouve chez Buffon.) — 2. Opposés à Rousseau, Joseph de Maistre et Bonald, pour qui le bonheur est un don de Dieu et non un état animal, soutiendront, au XIXe siècle, que le sauvage actuel n'est pas un primitif mais un homme dégénéré. — 3. Le pimenta est un arbre d'Amérique tropicale qui fournit des condiments forts de saveur variée. (Le piment, s'il est trop fort, peut aussi émousser le goût, au lieu de « l'aiguiser ».) Rousseau a lu de très nombreux ouvrages décrivant les sauvages, il condense les traits et les conclusions. Pour l'époque, il avait de fortes connaissances en ethnologie ou en anthropologie.

la bête ne peut s'écarter de la règle qui lui est prescrite,
même quand il lui serait avantageux de le faire, et que
100 l'homme s'en écarte souvent à son préjudice. C'est ainsi
qu'un pigeon mourrait de faim près d'un bassin rempli
des meilleures viandes, et un chat sur des tas de fruits,
ou de grain, quoique l'un et l'autre pût très bien se nourrir
de l'aliment qu'il dédaigne, s'il était avisé d'en essayer;
105 c'est ainsi que les hommes dissolus se livrent à des excès
qui leur causent la fièvre et la mort, parce que l'esprit
déprave les sens, et que la volonté parle encore quand la
nature se tait.

L'HOMME PRIMITIF CONSIDÉRÉ DU POINT DE VUE MÉTAPHYSIQUE ET MORAL. IL SE DISTINGUE DE L'ANIMAL PAR SA LIBERTÉ, SA PERFECTIBILITÉ. IL EST SANS PASSIONS

Tout animal a des idées, puisqu'il a des sens[1]; il
110 combine même ses idées jusqu'à un certain point, et
l'homme ne diffère à cet égard de la bête que du plus au
moins[2]; quelques philosophes ont même avancé qu'il
y a plus de différence de tel homme à tel homme que de
tel homme à telle bête. Ce n'est donc pas tant l'entende-
115 ment qui fait parmi les animaux la distinction spécifique
de l'homme que sa qualité d'agent libre. La nature
commande à tout animal, et la bête obéit. L'homme
éprouve la même impression, mais il se reconnaît libre
d'acquiescer ou de résister; et c'est surtout dans la cons-
120 cience de cette liberté que se montre la spiritualité de
son âme; car la physique explique en quelque manière le
mécanisme des sens et la formation des idées; mais dans

1. La pensée, selon Rousseau, nous vient des *sens*. Donc les animaux pensent aussi, du
moins dans les limites de leurs instincts (*Cf*. La Fontaine, *les Souris et le Chat-huant ; les
Deux Rats et l'œuf*). Le sensualisme est la théorie de Condillac. Au temps de Rousseau,
on distinguait des sensualistes matérialistes (Helvétius, d'Holbach) et des sensualistes
idéalistes (Berkeley, Hume). — 2. L'homme n'a pas une intelligence différente par nature
de celle des animaux. Montaigne cite de très nombreux exemples d'animaux s'étant mon-
trés au moins aussi intelligents que les hommes (*Essais*, II, 12).

la puissance de vouloir ou plutôt de choisir, et dans le
sentiment de cette puissance, on ne trouve que des actes
125 purement spirituels, dont on n'explique rien par les lois
de la mécanique.

Mais, quand les difficultés qui environnent toutes ces
questions laisseraient quelque lieu de disputer sur cette
différence de l'homme et de l'animal [1], il y a une autre
130 qualité très spécifique qui les distingue, et sur laquelle il ne
peut y avoir de contestation, c'est la faculté de se perfectionner; faculté qui, à l'aide des circonstances, développe
successivement toutes les autres, et réside parmi nous tant
dans l'espèce que dans l'individu [2]; au lieu qu'un animal
135 est, au bout de quelques mois, ce qu'il sera toute sa vie,
et son espèce, au bout de mille ans, ce qu'elle était la première année de ces mille ans. Pourquoi l'homme seul est-il
sujet à devenir imbécile [3]? N'est-ce point qu'il retourne
ainsi dans son état primitif, et que, tandis que la bête, qui
140 n'a rien acquis et qui n'a rien non plus à perdre, reste
toujours avec son instinct, l'homme, reperdant par la
vieillesse ou d'autres accidents tout ce que sa *perfectibilité*
lui avait fait acquérir, retombe ainsi plus bas que la bête
même? Il serait triste pour nous d'être forcés de convenir
145 que cette faculté distinctive et presque illimitée est la
source de tous les malheurs de l'homme [4]; que c'est elle
qui le tire, à force de temps, de cette condition originaire
dans laquelle il coulerait des jours tranquilles et innocents;
que c'est elle qui, faisant éclore avec les siècles ses lumières
150 et ses erreurs, ses vices et ses vertus, le rend à la longue le
tyran de lui-même et de la nature [5]. (9) Il serait affreux d'être
obligé de louer comme un être bienfaisant celui qui le
premier suggéra à l'habitant des rives de l'Orénoque

---

1. Rousseau se rend compte du caractère conjectural de ses conclusions sur la nature de
l'âme. — 2. Il est évident que l'homme-individu peut se perfectionner au cours de sa vie,
à la différence des animaux. Mais dans quelle mesure peut-on affirmer que, depuis mille ans,
l'*espèce* humaine a changé? Les hommes naissent-ils plus forts, plus intelligents (ou inver-
sement) qu'au Moyen Age? La différence d'évolution est-elle considérable par rapport
aux bêtes? Selon La Mettrie, on pourrait faire d'un singe un homme du monde, à force
d'éducation. Rousseau sépare nettement l'homme de l'animal. *Cf.* Buffon, *Histoire naturelle*, t. III (1752) : « Si les animaux étaient capables de quelques progrès, les castors d'aujourd'hui bâtiraient avec plus d'art et de solidité que les castors d'autrefois, et l'abeille
perfectionnerait tous les jours la cellule qu'elle habite. » — 3. Faible de corps et d'esprit
au cours de la sénilité. — 4. S'opposant aux idées régnantes (Fontenelle, Voltaire), Rousseau
voit dans les progrès de l'esprit la source de tous les malheurs. Toutefois la notion de
perfectibilité (mot nouveau à l'époque) lui était chère. Elle apparaît dans l'*Émile* (I, 1). —
5. L'homme détruit la nature par sa prétendue science.

l'usage de ces ais[1] qu'il applique sur les tempes de ses
155 enfants, et qui leur assurent du moins une partie de leur
imbécillité et de leur bonheur originel.

L'homme sauvage, livré par la nature au seul instinct,
ou plutôt dédommagé de celui qui lui manque peut-être[2],
par des facultés capables d'y suppléer d'abord et de l'élever
160 ensuite fort au-dessus de celle-là, commencera donc par
les fonctions purement animales **(10)** : apercevoir et sentir
sera son premier état, qui lui sera commun avec tous les
animaux. Vouloir et ne pas vouloir, désirer et craindre,
seront les premières et presque les seules opérations de son
165 âme[3], jusqu'à ce que de nouvelles circonstances y causent
de nouveaux développements.

Quoi qu'en disent les moralistes, l'entendement humain
doit beaucoup aux passions, qui, d'un commun aveu, lui
doivent beaucoup aussi : c'est par leur activité que notre
170 raison se perfectionne; nous ne cherchons à connaître que
parce que nous désirons de jouir, et il n'est pas possible
de concevoir pourquoi celui qui n'aurait ni désirs ni craintes
se donnerait la peine de raisonner. Les passions, à leur
tour, tirent leur origine de nos besoins, et leur progrès de
175 nos connaissances; car on ne peut désirer ou craindre
les choses que sur les idées qu'on en peut avoir, ou par la
simple impulsion de la nature; et l'homme sauvage, privé
de toute sorte de lumières, n'éprouve que les passions de
cette dernière espèce; ses désirs ne passent pas ses besoins
180 physiques **(11)**. Les seuls biens qu'il connaisse dans l'univers sont la nourriture, une femelle et le repos; les seuls
maux qu'il craigne sont la douleur et la faim; je dis la
douleur, et non la mort; car jamais l'animal ne saura ce
que c'est que mourir, et la connaissance de la mort et de
185 ses terreurs est une des premières acquisitions que l'homme
ait faites en s'éloignant de la condition animale[4].

---

1. *Usage* barbare consistant à comprimer latéralement le visage par des planchettes *(ais)*.
Pour Rousseau, cette coutume symbolise le refus du progrès et des maux de la civilisation.
François Corréal, dont le *Voyage aux Indes occidentales* (1722) inspire ici Rousseau, ne
donne aucune raison de cette superstition. — 2. L'homme sauvage a un peu moins d'instinct que les animaux, mais peut les surpasser par une faculté d'assimilation supérieure. —
3. L'homme naturel n'a pas, comme l'homme social, une psychologie compliquée, faite
de passions qui le tourmentent. Rousseau aimait, en montagne ou au bord d'un lac, se
vider de toute passion, de toute idée, et se remettre dans ce premier état consistant à
apercevoir et sentir. Ensuite il peuplait ce vide d'êtres selon son cœur, il y construisait une
cité idéale. — 4. Idée exprimée par Montesquieu (*Esprit des lois*, I, 1), par Cicéron (*De
officiis*, I, 11). Les études de Cicéron sur l'homme naturel serviront beaucoup à Rousseau
dans son *Émile* (l, I et II).

Il me serait aisé, si cela m'était nécessaire, d'appuyer ce sentiment par les faits[1], et de faire voir que, chez toutes les nations du monde, les progrès de l'esprit se sont préci-
190 sément proportionnés aux besoins que les peuples avaient reçus de la nature, ou auxquels les circonstances les avaient assujettis, et par conséquent aux passions qui les portaient à pourvoir à ces besoins. Je montrerais en Égypte les arts naissant et s'étendant avec le débordement du Nil[2]; je
195 suivrais leur progrès chez les Grecs, où l'on les vit germer, croître et s'élever jusqu'aux cieux parmi les sables et les rochers de l'Attique, sans pouvoir prendre racine sur les bords fertiles de l'Eurotas[3]; je remarquerais qu'en général les peuples du Nord sont plus industrieux que ceux du
200 Midi, parce qu'ils peuvent moins se passer de l'être, comme si la nature voulait égaliser les choses en donnant aux esprits la fertilité qu'elle refuse à la terre[4].

Mais sans recourir aux témoignages incertains de l'histoire, qui ne voit que tout semble éloigner de l'homme
205 sauvage la tentation et les moyens de cesser de l'être? Son imagination ne lui peint rien; son cœur ne lui demande rien. Ses modiques besoins se trouvent si aisément sous

---

1. Les thèses de Rousseau sont d'abord des principes abstraits, justifiés logiquement. La démonstration *par les faits* vient ensuite et n'est pas toujours probante. — 2. Les crues du *Nil* ont rendu les Égyptiens ingénieux en les obligeant à s'en protéger, puis à s'en servir. — 3. Parce que le terrain de *l'Attique*, fait de sables et de rochers, était stérile, ses habitants auraient été forcés de penser et d'inventer. (On peut trouver beaucoup d'autres raisons à ce phénomène.) Parce que les bords de *l'Eurotas* étaient plus fertiles, les Spartiates n'ont pas eu besoin de sciences et d'arts. (Raison discutable.) Michelet attribue à la terre forte des Flandres la vigueur physique et morale de cette race. Les combinaisons de causes et de résultantes sont trop complexes pour permettre de formuler des lois. — 4. La comparaison entre les peuples du Nord et ceux du Midi, fondée sur le sol et les climats, se trouve notamment chez Montesquieu (*cf.* aussi Mme de Staël, *De l'Allemagne*).

● « **L'esprit déprave les sens** » (l. 89-108)

Descartes considérait les animaux comme des machines. Rousseau, lui, rapproche l'animal de l'homme : tous deux sont des machines. Ces machines fonctionnent grâce aux sens qui les remontent. Mais l'homme est à la fois supérieur et inférieur aux animaux parce qu'il a la liberté et la perfectibilité, sources de tout malheur; il peut faire le mal, se tromper. Les animaux sont innocents (*cf. Essais*, II, 12).

① Quelle est la valeur probante des exemples du pigeon et du chat (l. 101-104)? Rousseau ne cède-t-il pas au goût de l'antithèse moralisante? Ne méconnaît-il pas la faculté naturelle d'adaptation? Un exemple isolé peut-il suffire à démontrer une théorie préconçue?

- **L'âme animale**

  Montaigne, dans l'*Apologie* (II, 12), avait énuméré avec scepticisme différentes opinions concernant la nature de l'âme. Voltaire déclare cette étude absolument vaine, à la fin de *Candide* (1759). Saint Thomas d'Aquin distinguait dans l'homme : le corps élémentaire physique, le souffle vital, l'âme végétative, l'âme animale, l'âme humaine, l'âme angélique, l'âme divine. Selon lui, chacun peut s'élever vers les trois niveaux supérieurs, ou, si la volonté et la grâce lui font défaut, en rester au niveau animal.

  Pour Rousseau (l. 127-223) l'homme et les animaux ont tous deux une « âme », qui leur donne des sensations et des idées, et qui s'explique par la physique. (Descartes refusait aux animaux la pensée). L'âme humaine n'est « spirituelle » que par la liberté.

  Le premier usage contraire à la nature que l'homme fit de cette liberté peut donc être comparé au péché originel qui fait sortir l'homme de l'innocence animale. (*Cf.* toutefois, dans la *Profession de foi du vicaire savoyard* : « Quoi ! pour empêcher l'homme d'être méchant, fallait-il le borner à l'instinct et le faire bête ? Non, Dieu de mon âme, je ne te reprocherai jamais de l'avoir faite à ton image, afin que je puisse être libre, bon et heureux comme toi ».)

- **Le rôle des passions** (l. 167-186)

  Les passions, combattues par les moralistes (La Rochefoucauld, Pascal), contribuent à former l'intelligence et la raison (*cf.* Montaigne, II, 12). La passion crée le génie. Un être sans passions demeure abruti et hébété. Ces passions sont des besoins naturels exagérés, parfois poussés à la manie.

  Réciproquement, nos connaissances servent à alimenter les passions en nous renseignant sur les choses à craindre ou à désirer.

  Tant que l'homme n'a que des besoins, sans connaissances, il ne peut avoir de passions. D'où la simplicité d'âme de l'homme naturel ne désirant que *la nourriture, une femelle et le repos* (l. 181), trois instincts vitaux.

  ② Quel rôle le XVIIIe siècle a-t-il attribué aux passions ?
  ③ Rousseau considère-t-il les passions comme un bien ou un mal ?

- **L'heureuse imprévoyance** (l. 203-223)

  Il ne faut pas attribuer au sauvage la mentalité d'un civilisé. Le sauvage n'a pas l'idée ou l'envie d'un prétendu progrès. Il n'a ni grands besoins ni connaissances, donc il n'a pas la prévoyance, germe de la cupidité. N'en faisons pas un poète qui contemple la nature, ni un savant qui observe. Il sent son existence, sans penser.

  Dans l'*Émile*, Rousseau attribue la misère à nos désirs. L'enfant de douze ou treize ans est heureux parce qu'il a peu de besoins. Il n'a pas encore l'imagination de l'adolescent.

  Les renseignements sur les Caraïbes proviennent de Du Tertre, *Histoire générale des isles...* (1654).

sa main, et il est si loin du degré de connaissances nécessaire pour désirer d'en acquérir de plus grandes, qu'il ne
210 peut avoir ni prévoyance ni curiosité. Le spectacle de la
nature lui devient indifférent, à force de lui devenir familier.
C'est toujours le même ordre, ce sont toujours les mêmes
révolutions ; il n'a pas l'esprit de s'étonner des plus grandes
merveilles ; et ce n'est pas chez lui qu'il faut chercher la
215 philosophie dont l'homme a besoin pour savoir observer
une fois ce qu'il a vu tous les jours. Son âme, que rien
n'agite, se livre au seul sentiment de son existence actuelle,
sans aucune idée de l'avenir, quelque prochain qu'il puisse
être, et ses projets, bornés comme ses vues, s'étendent à
220 peine jusqu'à la fin de la journée. Tel est encore aujourd'hui
le degré de prévoyance du Caraïbe : il vend le matin son
lit de coton, et vient pleurer le soir pour le racheter, faute
d'avoir prévu qu'il en aurait besoin pour la nuit prochaine.

Plus on médite sur ce sujet, plus la distance des pures
225 sensations aux simples connaissances s'agrandit à nos
regards ; et il est impossible de concevoir comment un
homme aurait pu par ses seules forces, sans le secours de
la communication [1] et sans l'aiguillon de la nécessité,
franchir un si grand intervalle. Combien de siècles se sont
230 peut-être écoulés avant que les hommes aient été à portée
de voir d'autre feu que celui du ciel [2] ? Combien ne leur
a-t-il pas fallu de différents hasards pour apprendre les
usages les plus communs de cet élément [3] ? Combien de
fois ne l'ont-ils pas laissé éteindre avant que d'avoir
235 acquis l'art de le reproduire ? Et combien de fois peut-être
chacun de ces secrets n'est-il pas mort avec celui qui l'avait
découvert ? Que dirons-nous de l'agriculture [4], art qui
demande tant de travail et de prévoyance, qui tient à d'autres arts [5], qui très évidemment n'est praticable que dans
240 une société au moins commencée, et qui ne nous sert pas
tant à tirer de la terre des aliments qu'elle fournirait bien
sans cela, qu'à la forcer aux préférences qui sont le plus

---

1. La communication, c'est-à-dire la société, a seule pu faire passer l'homme des sensations aux connaissances. — 2. A l'image des animaux, les tout premiers hommes n'allu-
maient point de feu. — 3. Découvrir qu'on peut cuire un aliment et fondre ou forger un
outil à l'aide du feu a été le fait de nombreux *hasards*. — 4. La culture du blé et de la vigne,
souvent présentée comme une science révélée par un dieu, exige un certain degré d'intelligence et de civilisation. — 5. L'art de façonner des outils en bois ou en fer, la connaissance
des plantes et des sols, etc.

de notre goût [1]? Mais supposons que les hommes eussent
tellement multiplié que les productions naturelles n'eussent
245 plus suffi pour les nourrir [2], supposition qui, pour le dire en
passant, montrerait un grand avantage pour l'espèce
humaine dans cette manière de vivre [3]; supposons que, sans
forges et sans ateliers, les instruments du labourage fussent
tombés du ciel entre les mains des sauvages; que ces
250 hommes eussent vaincu la haine mortelle qu'ils ont tous
pour un travail continu; qu'ils eussent appris à prévoir de
si loin leurs besoins, qu'ils eussent deviné comment il faut
cultiver la terre, semer les grains, et planter les arbres;
qu'ils eussent trouvé l'art de moudre le blé et de mettre
255 le raisin en fermentation; toutes choses qu'il leur a fallu
faire enseigner par les dieux [4], faute de concevoir comment
ils les auraient apprises d'eux-mêmes : quel serait après
cela l'homme assez insensé pour se tourmenter à la culture
d'un champ qui sera dépouillé par le premier venu, homme
260 ou bête indifféremment, à qui cette moisson conviendra [5]?

*La culture de la terre ne peut donc se faire que si l'état
de nature est anéanti et la propriété instaurée.*

*Mais, même un sauvage qui aurait été aussi savant philo-
sophe que nous n'aurait fait faire aucun progrès au genre
humain, en l'absence de domicile fixe, de relations, de société,
et surtout sans les langues dont la première invention a coûté
une peine et un temps infinis.*

*A la suite de Condillac, Rousseau étudie le problème de
l'origine des langues. Elles ne sont pas nécessaires tant que
les hommes ne se sont pas rassemblés. Or, même les familles
ne sont pas permanentes* (**12**). *Pour exprimer à sa mère ses
besoins, l'enfant invente un langage, différent chez chacun.
La mère n'en enseigne aucun* (**13**).

*« Les hommes ont eu besoin de la parole pour apprendre à
penser, ils ont eu bien plus besoin encore de savoir penser
pour trouver l'art de la parole. » Des sons peuvent représenter*

---

1. L'agriculture est inutile car la nature donne spontanément. Elle sert à flatter la gour-
mandise. — 2. Dans certaines régions sauvages de l'Inde, par exemple, tous les fruits naturels de la jungle sont consommés par les singes, et la nature seule ne pourrait nourrir des
hommes. — 3. Cela prouverait que l'état naturel est le plus favorable à la multiplication
des hommes. — 4. On n'a pas trouvé d'autres moyens d'expliquer ces inventions, que de
les attribuer à Déméter ou à Bacchus. Niant le surnaturel, Voltaire écrit : « Non, ils firent
des dieux de leurs bienfaiteurs. » — 5. L'agriculture implique la propriété.

des objets, mais comment peuvent-ils exprimer une idée? Même maintenant cet art n'est point encore parfait.

Le premier langage fut le cri, réservé aux grandes occasions. Les idées ordinaires s'exprimaient par les inflexions de la voix, le geste. Substituer la voix au geste, au signe, exigeait un commun consentement : « La parole paraît avoir été fort nécessaire pour établir l'usage de la parole. » Au début, les mots eurent une signification très étendue, le présent de l'infinitif fut le seul temps des verbes, etc.

D'abord il y eut trop de mots : « Si un chêne s'appelait A, un autre chêne s'appelait B » (et non : un chêne). Pour classer tous ces objets, leur trouver des noms communs (et non propres), il fallait beaucoup plus de connaissances et de métaphysique que les hommes n'en pouvaient alors avoir.

Rousseau distingue l'idée générale d'un arbre, d'un triangle, qui est purement intellectuelle, ne se conçoit que par le raisonnement, et sa représentation par l'imagination qui vient des sensations. Pour avoir des idées générales il faut parler. Les premiers substantifs n'ont donc été que des noms propres.

Après avoir trop multiplié les noms propres, les inventeurs firent ensuite trop peu de genres, car ils ne voyaient pas toutes les différences. Même aujourd'hui ce travail n'est pas achevé.

L'HOMME NATURELLEMENT HEUREUX, VERTUEUX ET BON

Je m'arrête à ces premiers pas, et je supplie mes juges de suspendre ici leur lecture pour considérer, sur l'invention des seuls substantifs physiques [1], c'est-à-dire sur la partie de la langue la plus facile à trouver, le chemin qui lui reste
5   à faire pour exprimer toutes les pensées des hommes, pour prendre une forme constante [2], pouvoir être parlée en public, et influer sur la société : je les supplie de réfléchir à ce qu'il a fallu de temps et de connaissances pour trouver les nombres **(14)**, les mots abstraits, les aoristes [3], et tous
10   les temps des verbes, les particules, la syntaxe, lier les

---

1. Noms concrets désignant des objets bien palpables. — 2. Pour passer des dialectes tribaux à une langue commune et réglementée. — 3. Temps passé du verbe grec.

propositions, les raisonnements, et former toute la logique du discours [1]. Quant à moi, effrayé des difficultés qui se multiplient, et convaincu de l'impossibilité presque démon-trée que les langues aient pu naître et s'établir par des
15 moyens purement humains, je laisse à qui voudra l'entre-prendre la discussion de ce difficile problème, lequel a été le plus nécessaire, de la société déjà liée à l'institution des langues, ou des langues déjà inventées à l'établissement de la société [2].

20   Quoi qu'il en soit de ces origines, on voit du moins, au peu de soin qu'a pris la nature de rapprocher les hommes par des besoins mutuels et de leur faciliter l'usage de la parole, combien elle a peu préparé leur sociabilité [3], et combien elle a peu mis du sien dans tout ce qu'ils ont
25 fait pour en établir les liens. En effet, il est impossible d'imaginer pourquoi, dans cet état primitif, un homme aurait plutôt besoin d'un autre homme qu'un singe ou un loup [4] de son semblable, ni, ce besoin supposé, quel motif pourrait engager l'autre à y pourvoir, ni même, en
30 ce dernier cas, comment ils pourraient convenir entre eux des conditions [5]. Je sais qu'on nous répète sans cesse que rien n'eût été si misérable que l'homme dans cet état; et s'il est vrai, comme je crois l'avoir prouvé, qu'il n'eût pu qu'après bien des siècles avoir le désir [6] et l'occasion d'en
35 sortir, ce serait un procès à faire à la nature, et non à celui [7] qu'elle aurait ainsi constitué. Mais si j'entends bien ce terme de *misérable*, c'est un mot qui n'a aucun sens, ou qui ne

---

1. Passage de la grammaire à la syntaxe puis à la rhétorique. Cicéron, qui voit dans l'élo-quence un instrument de civilisation, montre aussi que l'art de parler est lié à toutes les con-quêtes intellectuelles de la société (*De Oratore*). — 2. Rousseau semble presque attribuer une origine divine au langage (Joseph de Maistre l'approuvera). Mais cette hypothèse ne s'accorde pas avec l'idée générale du discours et l'existence d'un homme naturel. Son vrai problème est celui-ci : les langues ont-elles été créées par une société constituée? Ou, au contraire, la société a-t-elle été formée grâce aux langues déjà inventées? Ou plutôt, de ces deux causes agissant l'une sur l'autre, laquelle fut prépondérante? Rousseau, lassé de la complexité du sujet, ne cherche pas à le résoudre. Son but général était de montrer quelle distance sépare l'homme naturel de l'homme vivant en société et parlant une langue, de prouver que la formation des langues, comme celle de la société, est due à un hasard et non à une nécessité inhérente à la nature de l'homme. — 3. La parole n'est pas naturelle, donc la société ne l'est pas. — 4. Les loups se groupent en meute pour chasser le gros gibier. De cet instinct dérive le caractère sociable du chien domestique. Les babouins se groupent en bandes pour décourager des ennemis éventuels. — 5. Les études récentes de psycho-logie animale font état d'un « pacte tacite » entre l'animal et le « chef de meute », en vue du partage de la proie. Toutefois ces rassemblements ne sont pas la règle : en période d'abondance et en l'absence de danger, la vie solitaire est habituelle. — 6. Pour l'auteur, l'homme naturel n'est pas un animal sociable. Il n'a pas, comme les Parisiens du XVIIIe siècle, le désir de la compagnie. Pufendorf soutenait que l'homme est rendu heureux par la société. — 7. *Celui* : l'homme.

signifie qu'une privation douloureuse et la souffrance du
corps ou de l'âme : or, je voudrais bien qu'on m'expliquât
40 quel peut être le genre de misère d'un être libre dont le
cœur est en paix et le corps en santé. Je demande laquelle,
de la vie civile ou naturelle, est la plus sujette à devenir
insupportable à ceux qui en jouissent. Nous ne voyons
presque autour de nous que des gens qui se plaignent de
45 leur existence; plusieurs même qui s'en privent autant qu'il
est en eux; et la réunion des lois divine et humaine suffit
à peine pour arrêter ce désordre. Je demande si jamais
on a ouï dire qu'un sauvage en liberté ait seulement songé
à se plaindre de la vie et à se donner la mort. Qu'on juge
50 donc avec moins d'orgueil de quel côté est la véritable
misère. Rien au contraire n'eût été si misérable que l'homme
sauvage, ébloui par des lumières, tourmenté par des passions, et raisonnant sur un état différent du sien. Ce fut
par une providence très sage que les facultés qu'il avait
55 en puissance ne devaient se développer qu'avec les occasions de les exercer, afin qu'elles ne lui fussent ni superflues
et à charge avant le temps, ni tardives et inutiles au besoin.
Il avait dans le seul instinct tout ce qu'il lui fallait pour
vivre dans l'état de nature; il n'a dans une raison cultivée
60 que [1] ce qu'il lui faut pour vivre en société.

Il paraît d'abord que les hommes dans cet état, n'ayant
entre eux aucune sorte de relation morale [2] ni de devoirs
connus, ne pouvaient être ni bons ni méchants, et n'avaient
ni vices ni vertus [3], à moins que, prenant ces mots dans un
65 sens physique [4], on n'appelle vices dans l'individu les
qualités qui peuvent nuire à sa propre conservation, et
vertus celles qui peuvent y contribuer; auquel cas il faudrait
appeler le plus vertueux celui qui résisterait le moins aux
simples impulsions de la nature. Mais sans nous écarter du
70 sens ordinaire [5], il est à propos de suspendre le jugement

---

1. Plus sage que nous, la providence naturelle n'a pas conçu un homme primitif pourvu de
la raison et des besoins de l'homme civilisé. Il a peu de désirs et ressent peu de privations.
— 2. Ils n'ont que des rapports physiques dus à des rencontres fortuites. Mais il n'y a
aucun pacte, aucun contrat social, comportant des obligations formulées. — 3. *Vertus*,
au sens moral; c'est l'innocence paradisiaque. — 4. *Vertu*, au sens de « propriétés naturelles
de l'espèce ». Dans le premier *Discours*, *vertu* était pris au sens du latin *virtus* (de *vir* :
homme courageux) : énergie, vigueur. — 5. Rousseau vient de critiquer le *sens ordinaire*
en formulant une définition audacieuse : la vraie vertu consiste à ne pas résister à l'instinct
naturel. Sans société, sans réflexion, il n'y a pas de bien ni de mal moral. C'est l'innocence
naturelle du primitif et de l'enfant. Maintenant, il concède à ses adversaires le sens ordinaire.
(L'*Émile* contient des idées analogues, peut-être inspirées de Sénèque, *Lettres* XC, 44).

que nous pourrions porter sur une telle situation, et de
nous défier de nos préjugés jusqu'à ce que, la balance à la
main [1], on ait examiné s'il y a plus de vertus que de vices
parmi les hommes civilisés, ou si leurs vertus sont plus
[75] avantageuses que leurs vices ne sont funestes, ou si le
progrès de leurs connaissances est un dédommagement
suffisant des maux qu'ils se font mutuellement à mesure
qu'ils s'instruisent du bien qu'ils devraient se faire, ou
s'ils ne seraient pas, à tout prendre, dans une situation plus
[80] heureuse de n'avoir ni mal à craindre ni bien à espérer de
personne, que de s'être soumis à une dépendance universelle, et de s'obliger à tout recevoir de ceux qui ne s'obligent
à leur rien donner [2].

N'allons pas surtout conclure avec Hobbes [3] que, pour
[85] n'avoir aucune idée de la bonté, l'homme soit naturellement méchant, qu'il soit vicieux parce qu'il ne connaît pas
la vertu, qu'il refuse toujours à ses semblables des services
qu'il ne croit pas leur devoir, ni qu'en vertu du droit qu'il
s'attribue avec raison aux choses dont il a besoin, il s'ima-
[90] gine follement être le seul propriétaire [4] de tout l'univers.

*Critiquant Hobbes, Rousseau montre que l'homme
sauvage n'est pas un « enfant robuste » et méchant. La
méchanceté vient de la faiblesse et de la dépendance. Le
sauvage est fort et libre.*

LA PITIÉ NATURELLE

[...] les sauvages ne sont pas méchants précisément,
parce qu'ils ne savent pas ce que c'est qu'être bons; car
ce n'est ni le développement des lumières, ni le frein de la
loi, mais le calme des passions et l'ignorance du vice qui les
[95] empêchent de mal faire : *Tanto plus in illis proficit vitiorum*

---

1. Ironie. Rousseau pose ici la question essentielle : la civilisation a-t-elle apporté le
bonheur? — 2. Violente critique sociale, expression énergique et condensée. Les gouvernants ne donnent rien aux peuples. Les peuples au contraire, leur ayant donné tous leurs
droits, sont obligés d'attendre la pitance. C'était, à Venise, la situation de Rousseau en
face de M. de Montaigu. — 3. *Hobbes* prétend que l'homme est un loup pour l'homme :
Homo homini lupus (Plaute). — 4. Éduqué par les forces naturelles qui l'entourent et li-
mitent la sienne, il ne devient pas égocentriste comme un civilisé.

ignoratio quam in his cognitio virtutis [1]. Il y a d'ailleurs un autre principe que Hobbes n'a point aperçu et qui, ayant été donné à l'homme pour adoucir en certaines circonstances la férocité de son amour-propre ou le désir de se

100 conserver avant la naissance de cet amour **(15)**, tempère l'ardeur qu'il a pour son bien-être par une répugnance innée à voir souffrir son semblable. Je ne crois pas avoir aucune contradiction à craindre en accordant à l'homme la seule vertu naturelle qu'ait été forcé de reconnaître le

105 détracteur le plus outré des vertus humaines [2]. Je parle de la pitié, disposition convenable à des êtres aussi faibles et sujets à autant de maux que nous le sommes; vertu d'autant plus universelle et d'autant plus utile à l'homme, qu'elle précède en lui l'usage de toute réflexion [3], et si

110 naturelle que les bêtes mêmes en donnent quelquefois des signes sensibles. Sans parler de la tendresse des mères pour leurs petits, et des périls qu'elles bravent pour les en garantir, on observe tous les jours la répugnance qu'ont les chevaux à fouler aux pieds un corps vivant; un animal

115 ne passe point sans inquiétude auprès d'un animal mort de son espèce : il y en a même qui leur donnent une sorte de sépulture; et les tristes mugissements du bétail entrant dans une boucherie annoncent l'impression qu'il reçoit de l'horrible spectacle qui le frappe. On voit avec plaisir

120 l'auteur de la *Fable des abeilles* [4], forcé de reconnaître l'homme pour un être compatissant et sensible, sortir, dans l'exemple qu'il en donne, de son style froid et subtil, pour nous offrir la pathétique image d'un homme enfermé qui aperçoit au dehors une bête féroce arrachant un enfant

125 du sein de sa mère, brisant sous sa dent meurtrière les faibles membres, et déchirant de ses ongles les entrailles palpitantes de cet enfant. Quelle affreuse agitation n'éprouve point ce témoin d'un événement auquel il ne prend aucun intérêt personnel? Quelles angoisses ne souffre-t-il pas à

---

1. « Chez ceux-là l'ignorance des vices est plus profitable que chez ceux-ci la connaissance de la vertu » (Justin, *Histoires*, II, 2). — 2. Mandeville (voir la note 4) affirmait que la prospérité publique résulte des vices et est incompatible avec la vertu. — 3. Rousseau affirme avec insistance que la pitié est spontanée, irraisonnée, et qu'elle n'est pas le fruit de la société, que l'homme savait se maîtriser avant d'avoir appris la politesse. (Sa pensée est différente dans l'*Essai sur l'origine des langues*.) — 4. Mandeville, médecin né en Hollande en 1670, établi en Angleterre, mort en 1733. Amateur de paradoxe, il soutenait que l'égoïsme est inné en l'homme et peut contribuer au bien collectif. *The Fable of the bees* fut publiée à Londres en 1723.

[130] cette vue, de ne pouvoir porter aucun secours à la mère
évanouie, ni à l'enfant expirant [1] ?

Tel est le pur mouvement de la nature, antérieur à toute
réflexion; telle est la force de la pitié naturelle, que les
mœurs les plus dépravées ont encore peine à détruire, puis-
[135] qu'on voit tous les jours dans nos spectacles s'attendrir
et pleurer, aux malheurs d'un infortuné, tel qui, s'il était
à la place du tyran [2], aggraverait encore les tourments de
son ennemi.

[Semblable au sanguinaire Sylla, si sensible aux maux
[140] qu'il n'avait pas causés, ou à cet Alexandre de Phère qui
n'osait assister à la représentation d'aucune tragédie, de
peur qu'on ne le vît gémir avec Andromaque et Priam,
tandis qu'il écoutait sans émotion les cris de tant de citoyens
qu'on égorgeait tous les jours par ses ordres [3].

> *Mollissima corda*
> *Humane generi dare se natura fatetur,*
> *Quæ lacrymas dedit* [4].
> JUV., *Sat.* xv, v. 131] (Éd. 1782)

[145] Mandeville a bien senti qu'avec toute leur morale [5] les
hommes n'eussent jamais été que des monstres, si la nature
ne leur eût donné la pitié à l'appui de la raison : mais il
n'a pas vu que de cette seule qualité découlent [6] toutes les
vertus sociales qu'il veut disputer aux hommes. En effet,
[150] qu'est-ce que la générosité, la clémence, l'humanité, sinon
la pitié appliquée aux faibles, aux coupables, ou à l'espèce
humaine en général? La bienveillance et l'amitié même sont,
à le bien prendre, des productions d'une pitié constante,
fixée sur un objet particulier : car désirer que quelqu'un
[155] ne souffre point, qu'est-ce autre chose que désirer qu'il
soit heureux? Quand il serait vrai que la commisération ne
serait qu'un sentiment qui nous met à la place de celui qui
souffre, sentiment obscur et vif dans l'homme sauvage,

---

1. Effets de pathétique facile. Des exemples de pitié animale sont mentionnés chez les poètes et sont peut-être discutables. — 2. *Du tyran* de la tragédie, le Créon d'*Antigone* par exemple. — 3. La prétendue sensibilité de *Sylla* est mentionnée par Plutarque. Celle du tyran de Phères (en Grèce) est indiquée par Montaigne (II, 97) qui la tire de Plutarque. Ces exemples se trouvent aussi dans la *Lettre à d'Alembert*. — 4. « Un cœur très tendre, c'est ce que la nature reconnaît avoir donné au genre humain en lui donnant les larmes. » — 5. La morale raisonnable et conventionnelle de la société, celle dont se moque « la vraie morale ». — 6. Les vertus sociales *découlent* d'une vertu naturelle. La société ne les a pas créées.

développé mais faible [1] dans l'homme civil, qu'importerait
160 cette idée à la vérité de ce que je dis, sinon de lui donner
plus de force? En effet, la commisération sera d'autant
plus énergique que l'animal spectateur s'identifiera[2] plus
intimement avec l'animal souffrant. Or, il est évident que
cette identification a dû être infiniment plus étroite dans
165 l'état de nature que dans l'état de raisonnement. C'est la
raison qui engendre l'amour-propre, et c'est la réflexion
qui le fortifie; c'est elle qui replie l'homme sur lui-même;
c'est elle qui le sépare de tout ce qui le gêne et l'afflige. C'est
la philosophie qui l'isole; c'est par elle qu'il dit en secret,
170 à l'aspect d'un homme souffrant : « Péris, si tu veux;
je suis en sûreté. » Il n'y a plus que les dangers de la société
entière qui troublent le sommeil tranquille du philosophe
et qui l'arrachent de son lit. On peut impunément égorger
son semblable sous sa fenêtre; il n'a qu'à mettre ses mains
175 sur ses oreilles et s'argumenter un peu, pour empêcher la
nature qui se révolte en lui de l'identifier avec celui qu'on
assassine. L'homme sauvage n'a point cet admirable talent;
et, faute de sagesse et de raison, on le voit toujours se livrer
étourdiment au premier sentiment de l'humanité. Dans les
180 émeutes, dans les querelles des rues, la populace s'assemble,
l'homme prudent s'éloigne; c'est la canaille, ce sont les
femmes des halles qui séparent les combattants, et qui
empêchent les honnêtes gens de s'entr'égorger.

Il est donc bien certain que la pitié est un sentiment
185 naturel qui, modérant dans chaque individu l'activité de
l'amour de soi-même, concourt à la conservation mutuelle
de toute l'espèce. C'est elle qui nous porte sans réflexion [3]
au secours de ceux que nous voyons souffrir; c'est elle qui,
dans l'état de nature, tient lieu de lois, de mœurs et de
190 vertu, avec cet avantage que nul n'est tenté de désobéir à
sa douce voix; c'est elle qui détournera tout sauvage robuste
d'enlever à un faible enfant ou à un vieillard infirme sa
subsistance acquise avec peine, si lui-même espère pouvoir
trouver la sienne ailleurs; c'est elle qui, au lieu de cette
195 maxime sublime de justice raisonnée, *Fais à autrui comme*

---

1. Chez le sauvage la pitié est forte, mais inconsciente; chez l'homme civil elle est plus
extérieure et visible, mais moins efficace. — 2. La Rochefoucauld taxerait cette pitié
d'égoïsme. Mais, pour Rousseau, la pitié est une forme d'égoïsme tout à fait légitime,
irréprochable et bienfaisante. — 3. Elle vient du sentiment, de l'instinct, non de la raison.

tu veux qu'on te fasse [1], inspire à tous les hommes cette
autre maxime de bonté naturelle, bien moins parfaite, mais
plus utile peut-être que la précédente : *Fais ton bien avec
le moindre mal d'autrui qu'il est possible* [2]. C'est, en un mot,
200 dans ce sentiment naturel, plutôt que dans des arguments
subtils [3], qu'il faut chercher la cause de la répugnance
que tout homme éprouverait à mal faire, même indépendamment des maximes de l'éducation [4]. Quoiqu'il puisse

---

1. *Évangile, Math.* VII, 12; *Luc* VI, 31. — 2. La maxime évangélique propose une
perfection difficilement réalisable; Rousseau en retient ce qu'il estime pratiquement
possible. — 3. De la théologie ou de la métaphysique. — 4. Ce n'est pas *l'éducation* qui
rend l'homme bon; elle peut y contribuer.

● **La prétendue misère des sauvages** (p. 43, l. 36-60)

Misère signifie : douleur ou privation. L'homme naturel ne peut
être privé de richesses imaginaires, qu'il ne connaît point. Son
instinct tout simple ne le rend ni envieux, ni désireux d'un état
meilleur.

● **Le suicide**

Sans avoir jamais tenté de se suicider, Jean-Jacques a éprouvé
beaucoup de ces souffrances morales qui poussent l'homme
moderne au suicide.
La fréquence croissante des suicides au XXᵉ siècle, sa forme
parfois quasi épidémique, les observations des psychiatres et
des sociologues attestent la clairvoyance de Rousseau.

● **Portrait du philosophe** (l. 165-183)

L'amour-propre, qui éloigne l'homme de ses semblables, de
leurs douleurs, est le fruit de la raison et de la philosophie qui
nous font calculer notre intérêt.
Le « philosophe » est un vrai Tartuffe impitoyable. Il ne se sent
pas « concerné » par le malheur des autres. La philosophie le
protège du monde : c'est le rat retiré dans son fromage. Avec
une bonne direction d'intention (*s'argumenter un peu*, l. 175)
il se défend contre les impulsions de la nature. Le peuple au
contraire a conservé la spontanéité et la solidarité.
Rousseau n'a pas voulu (comme certains l'ont cru) faire un portrait satirique de Diderot (voir *Confessions*, livre VIII). Il ne s'était
pas encore brouillé avec lui. C'est Diderot qui, dans un accès
de pessimisme, a critiqué âprement ce genre de philosophe, et
Rousseau, esprit suggestible, a fait son profit de cette idée
qui correspondait à ses sentiments intimes.
① Comparer ce portrait avec celui de Philinte dans la *Lettre
à d'Alembert.*
② Préciser le sens donné par Rousseau au mot *philosophe.*
③ Relever les traits d'ironie et d'amertume dans ce portrait.

205 appartenir à Socrate, [1] et aux esprits de sa trempe, d'acquérir de la vertu par raison, il y a longtemps que le genre humain ne serait plus, si sa conservation n'eût dépendu que des raisonnements de ceux qui le composent.

APPLICATION PARTICULIÈRE :
LA PASSION AMOUREUSE

Avec des passions si peu actives, et un frein si salutaire [2], les hommes, plutôt farouches [3] que méchants, et plus attentifs à se garantir du mal qu'ils pouvaient recevoir, que tentés d'en faire à autrui, n'étaient pas sujets à des démêlés
5 fort dangereux : comme ils n'avaient entre eux aucune espèce de commerce [4], qu'ils ne connaissaient par conséquent ni la vanité, ni la considération, ni l'estime, ni le mépris, qu'ils n'avaient pas la moindre notion du tien et du mien, ni aucune véritable idée de la justice [5]; qu'ils
10 regardaient les violences qu'ils pouvaient essuyer comme un mal [6] facile à réparer, et non comme une injure qu'il faut punir, et qu'ils ne songeaient pas même à la vengeance, si ce n'est peut-être machinalement et sur-le-champ, comme le chien qui mord la pierre qu'on lui jette, leurs disputes
15 eussent eu rarement des suites sanglantes, si elles n'eussent point eu de sujet plus sensible que la pâture. Mais j'en vois un plus dangereux [7], dont il me reste à parler.

La brutalité de l'amour provoque-t-elle des crimes chez l'homme naturel? Observons d'abord que, de nos jours, les lois sont insuffisantes à arrêter les désordres, qui d'ailleurs sont nés avec les lois (peut-être à cause d'elles).

Distinguons en amour le moral du physique. Le moral de l'amour (la pudeur) est un sentiment factice, social, inventé par les femmes pour dominer les hommes. Le sauvage ne peut comparer le mérite et la beauté des femmes :

---

1. La raison ne peut vaincre les passions et conférer la vertu que chez un tout petit nombre de philosophes géniaux. — 2. La pitié. Tout ce début est une réfutation de Hobbes. — 3. Sauvages, non apprivoisés, qui s'effarouchent. — 4. Relation. — 5. Concept qui suppose une société, des objets possédés. — 6. Le *mal* est physique; *injure* ajoute une blessure morale et une idée de justice. — 7. L'amour.

car comme son esprit n'a pu se former des idées abstraites [1]
de régularité et de proportion, son cœur n'est point non
20 plus susceptible des sentiments d'admiration et d'amour,
qui, même sans qu'on s'en aperçoive [2], naissent de l'application de ces idées : il écoute uniquement le tempérament
qu'il a reçu de la nature, et non le goût qu'il n'a pu
acquérir, et toute femme est bonne pour lui [3].

*Chez les sauvages, l'amour purement physique provoque
beaucoup moins de disputes que chez le civilisé. L'imagination
n'excite point le vice et la jalousie. L'amour n'est funeste
aux autres hommes que dans la société, qui l'a détourné de
son but naturel. D'ailleurs, les sauvages Caraïbes sont peu
jaloux, malgré le climat brûlant.*

*On ne peut tirer argument que des espèces où la nature
a établi les mêmes rapports que chez l'homme. Même si l'on
admet que l'amour occasionne « un moment... de combat »
entre les hommes naturels, il y causerait moins de ravages
que dans la société.*

CONCLUSION : L'INÉGALITÉ
A PEINE SENSIBLE
DANS L'ÉTAT DE NATURE

Concluons qu'errant dans les forêts, sans industrie, sans
parole, sans domicile, sans guerre et sans liaisons, sans nul
besoin de ses semblables comme sans nul désir de leur nuire,
peut-être même sans jamais en reconnaître aucun indivi-
5 duellement, l'homme sauvage, sujet à peu de passions,
et se suffisant à lui-même, n'avait que les sentiments et les
lumières propres à cet état, qu'il ne sentait que ses vrais
besoins, ne regardait que ce qu'il croyait avoir intérêt de
voir, et que son intelligence ne faisait pas plus de progrès

---

1. Rousseau l'a démontré en discutant de l'origine des langues. Les « canons de la beauté »
ne peuvent être perçus ou conçus par l'homme naturel. — 2. Une fois que l'homme est
capable de concevoir l'idée abstraite de la beauté, l'amour ne portant que sur un seul
objet naît inconsciemment. — 3. Donc, pas de liaison ou d'union avec une personne seulement, ni de jalousie. L'amour est instinctif, et non pas raisonné ni lié à l'idée de propriété.
Opposition entre *tempérament* naturel et *goût* : faculté de choisir la plus belle.

10 que sa vanité. Si par hasard il faisait quelque découverte, il pouvait d'autant moins la communiquer qu'il ne reconnaissait pas même ses enfants. L'art périssait avec l'inventeur; il n'y avait ni éducation, ni progrès, les générations se multipliaient inutilement; et, chacune partant toujours du
15 même point, les siècles s'écoulaient dans toute la grossièreté des premiers âges, l'espèce était déjà vieille, et l'homme restait toujours enfant.

Si je me suis étendu si longtemps sur la supposition de cette condition primitive, c'est qu'ayant d'anciennes erreurs
20 et des préjugés invétérés à détruire, j'ai cru devoir creuser jusqu'à la racine, et montrer dans le tableau du véritable état de nature combien l'inégalité, même naturelle, est loin d'avoir dans cet état autant de réalité et d'influence que le prétendent nos écrivains.

25 En effet, il est aisé de voir qu'entre les différences qui distinguent les hommes plusieurs passent pour naturelles qui sont uniquement l'ouvrage de l'habitude [1] et des divers genres de vie que les hommes adoptent dans la société. Ainsi un tempérament robuste ou délicat, la force ou la
30 faiblesse qui en dépendent, viennent souvent plus de la manière dure ou efféminée dont on a été élevé que de la constitution primitive des corps. Il en est de même des forces de l'esprit, et non seulement l'éducation met de la différence entre les esprits cultivés et ceux qui ne le sont pas,
35 mais elle augmente celle qui se trouve entre les premiers à proportion de la culture [2]; car qu'un géant et un nain marchent sur la même route, chaque pas qu'ils feront l'un et l'autre donnera un nouvel avantage au géant. Or, si l'on compare la diversité prodigieuse d'éducations et de
40 genres de vie qui règne dans les différents ordres de l'état civil avec la simplicité et l'uniformité de la vie animale et sauvage, où tous se nourrissent des mêmes aliments, vivent de la même manière, et font exactement les mêmes choses [3], on comprendra combien la différence d'homme à homme
45 doit être moindre dans l'état de nature que dans celui de

---

1. Il ne faut pas confondre « inégalité naturelle », primitive, et inégalité acquise par *l'habitude*, parfois appelée « une seconde nature ». — 2. L'éducation artificielle des hommes est une source supplémentaire d'inégalité. — 3. N'y-a-t-il pas, même dans le monde primitif, des inégalités de climat, donc de nourriture, puis de tempérament, d'aptitudes, sans parler de l'hérédité, des gènes? L'égalité ne serait-elle pas un mythe, une vue de l'esprit? Rousseau répond à ces objections dans le paragraphe suivant.

société, et combien l'inégalité naturelle doit augmenter
dans l'espèce humaine par l'inégalité d'institution.

Mais, quand la nature affecterait dans la distribution
de ses dons autant de préférences qu'on le prétend, quel
50 avantage les plus favorisés en tireraient-ils au préjudice
des autres, dans un état de choses qui n'admettrait presque
aucune sorte de relation entre eux? Là où il n'y a point
d'amour, de quoi servira la beauté? Que sert l'esprit à des
gens qui ne parlent point, et la ruse [1] à ceux qui n'ont
55 point d'affaires? J'entends toujours répéter que les plus
forts opprimeront les faibles; mais qu'on m'explique ce
qu'on veut dire par ce mot d'oppression. Les uns domine-
ront avec violence, les autres gémiront asservis à tous leurs
caprices : voilà précisément ce que j'observe parmi nous,
60 mais je ne vois pas comment cela pourrait se dire des
hommes sauvages, à qui l'on aurait même bien de la peine
à faire entendre ce que c'est que servitude et domination.
Un homme pourra bien s'emparer des fruits qu'un autre
a cueillis, du gibier qu'il a tué, de l'antre qui lui servait
65 d'asile; mais comment viendra-t-il jamais à bout de s'en
faire obéir, et quelles pourront être les chaînes de la dépendance parmi des hommes qui ne possèdent rien? Si l'on
me chasse d'un arbre, j'en suis quitte pour aller à un autre;
si l'on me tourmente dans un lieu, qui m'empêchera de
70 passer ailleurs? Se trouve-t-il un homme d'une force assez
supérieure à la mienne, et, de plus, assez dépravé, assez
paresseux et assez féroce, pour me contraindre à pourvoir
à sa subsistance pendant qu'il demeure oisif? Il faut qu'il
se résolve à ne pas me perdre de vue un seul instant, à me
75 tenir lié avec un très grand soin durant son sommeil, de
peur que je ne m'échappe ou que je ne le tue; c'est-à-dire
qu'il est obligé de s'exposer volontairement à une peine
beaucoup plus grande que celle qu'il veut éviter, et que
celle qu'il me donne à moi-même. Après tout cela, sa vigi-
80 lance se relâche-t-elle un moment? Un bruit imprévu
lui fait-il détourner la tête? Je fais vingt pas dans la forêt,
mes fers sont brisés, et il ne me revoit de sa vie.

Sans prolonger inutilement ces détails, chacun doit voir
que les liens de la servitude n'étant formés que de la dépen-

---

1. *La ruse* n'est-elle pas un don naturel permettant au plus faible de se défendre? Mais
elle est considérablement développée par la société.

85 dance mutuelle des hommes et des besoins réciproques qui les unissent il est impossible d'asservir un homme sans l'avoir mis auparavant dans le cas de ne pouvoir se passer d'un autre; situation qui, n'existant pas dans l'état de nature, y laisse chacun libre du joug et rend vaine
90 la loi du plus fort [1].

Après avoir prouvé que l'inégalité est à peine sensible dans l'état de nature, et que son influence y est presque nulle, il me reste à montrer son origine, et ses progrès dans les développements successifs de l'esprit humain [2]. Après
95 avoir montré que la *perfectibilité*, les vertus sociales, et les autres facultés que l'homme naturel avait reçues en puissance [3], ne pouvaient jamais se développer d'elles-mêmes, qu'elles avaient besoin pour cela du concours fortuit de plusieurs causes étrangères, qui pouvaient ne jamais naître [4],
100 et sans lesquelles il fût demeuré éternellement dans sa condition primitive, il me reste à considérer et à rapprocher les différents hasards qui ont pu perfectionner la raison humaine en détériorant l'espèce, rendre un être méchant en le rendant sociable, et d'un terme si éloigné amener enfin
105 l'homme et le monde au point où nous les voyons.

J'avoue que les événements que j'ai à décrire ayant pu arriver de plusieurs manières, je ne puis me déterminer sur le choix que par des conjectures; mais, outre que ces conjectures deviennent des raisons quand elles sont les plus
110 probables qu'on puisse tirer de la nature des choses [5] et les seuls moyens qu'on puisse avoir de découvrir la vérité, les conséquences que je veux déduire des miennes ne seront point pour cela conjecturales, puisque, sur les principes que je viens d'établir, on ne saurait former aucun autre sys-
115 tème qui ne me fournisse les mêmes résultats, et dont je ne puisse tirer les mêmes conclusions.

Ceci me dispensera d'étendre mes réflexions sur la manière dont le laps de temps compense le peu de vraisem-

---

1. Principale objection qu'on peut faire à ce système : c'est la « loi de la jungle », la lutte pour la vie, la sélection naturelle qui écrase et tue celui qui, à un moment quelconque, n'aura pas été le plus fort. Rousseau la réfute en invoquant la dispersion, l'isolement de l'homme naturel. — 2. Transition entre la première et la deuxième partie. — 3. Il ne les a pas réellement, mais virtuellement; avec le temps elles peuvent se développer. — 4. La naissance de la raison, du mal, de la société, est un accident dû à plusieurs hasards, au contact d'obstacles extérieurs, et non une loi nécessaire, ni un bienfait. — 5. Rousseau ne peut qu'émettre des hypothèses sur les causes intermédiaires de l'évolution. Mais les premières causes, les principes sont connus, ainsi que les résultats; l'histoire politique est d'avance fondée sur la morale.

blance [1] des événements; sur la puissance surprenante des
120 causes très légères [2], lorsqu'elles agissent sans relâche; sur
l'impossibilité où l'on est d'un côté de détruire certaines
hypothèses, si de l'autre on se trouve hors d'état de leur
donner le degré de certitude des faits [3]; sur ce que deux faits
étant donnés comme réels à lier par une suite de faits inter-
125 médiaires, inconnus ou regardés comme tels, c'est à l'histoire, quand on l'a, de donner les faits qui les lient [4]; c'est
à la philosophie, à son défaut, de déterminer les faits semblables qui peuvent les lier [5]; enfin, sur ce qu'en matière
d'événements la similitude réduit les faits à un beaucoup
130 plus petit nombre de classes différentes qu'on ne se l'imagine [6]. Il me suffit d'offrir ces objets à la considération
de mes juges; il me suffit d'avoir fait en sorte que les lecteurs
vulgaires [7] n'eussent pas besoin de les considérer.

---

1. L'histoire ne nous renseignant pas sur les faits, nous ne pouvons en donner un compte
rendu vraisemblable. — 2. Mais l'immense laps de temps compense tout, même si les *causes*
supposées par Rousseau semblent *très légères*. Rousseau n'adopte pas la chronologie
resserrée des théologiens mais plutôt celle de Platon qui supposait « des milliers de
fois des milliers d'années » *(Lois)*. Lamarck insistera aussi sur l'influence des circonstances et du temps qui permettent à la nature de produire, de se fortifier, de se diver-
sifier dans tous les êtres. Dans ce dernier paragraphe, Rousseau nous donne un aperçu de
ses idées sur la méthode scientifique. (Il avait lu les œuvres de Francis Bacon.) — 3. Certaines
hypothèses sont impossibles à démontrer. Ce n'est pas une raison pour les repousser. —
4. Pour cela, Rousseau se sert, parfois arbitrairement, de l'histoire. Les faits lui importent
moins que les principes. — 5. A défaut de faits il fera des hypothèses par analogie, auxquelles
il attribue un certain degré de certitude. — 6. Rousseau généralise, et classe les faits selon
ses principes essentiels. — 7. Il s'agit donc ici de justifications pour les experts.

● **La conclusion** (p. 51-55)
  ① Relever les mots importants (l. 1-17) pour la démonstration
  et montrer leur lien logique.
  ② Quelles sont les *lumières propres* (l. 7) et l'*intérêt* (l. 8) de
  l'homme naturel?
  Pour mieux faire table rase et bâtir son raisonnement, Rousseau
  nie le caractère naturel de la famille. La nature n'a fait que
  l'individu.
  ③ Rousseau est-il en mesure de prouver que, chez aucune
  espèce de mammifères sauvages, il n'y a de famille permanente?

● **L'oppression sociale**
  Rousseau montre bien que, dans l'état de nature, il serait absurde
  et inutile qu'un homme passe son temps et dépense sa force
  à en surveiller un autre, à le faire travailler, alors qu'il n'en a
  aucun besoin. L'évasion serait facile : la forêt offre abri et liberté
  même aux moins forts.
  Au contraire, la société constituée possède le pouvoir « mys-
  tique » de créer un lien invisible, de faire obéir le plus fort au
  plus faible. Seule, la société donne un sens aux mots « commander, obéir ».

SECONDE PARTIE

LES ÉTAPES DU PROGRÈS NATUREL

Le premier qui, ayant enclos un terrain, s'avisa de dire :
Ceci est à moi, et trouva des gens assez simples pour le
croire, fut le vrai fondateur de la société civile. Que de
crimes, de guerres, de meurtres, que de misères et d'horreurs
5 n'eût point épargnés au genre humain celui qui, arrachant
les pieux ou comblant le fossé, eût crié à ses semblables :
« Gardez-vous d'écouter cet imposteur; vous êtes perdus
si vous oubliez que les fruits sont à tous, et que la terre
n'est à personne! » Mais il y a grande apparence qu'alors
10 les choses en étaient déjà venues au point de ne pouvoir
plus durer comme elles étaient; car cette idée de propriété,
dépendant de beaucoup d'idées antérieures qui n'ont pu
naître que successivement, ne se forma pas tout d'un coup
dans l'esprit humain : il fallut faire bien des progrès, ac-
15 quérir bien de l'industrie et des lumières, les transmettre
et les augmenter d'âge en âge, avant que d'arriver à ce
dernier terme de l'état de nature. Reprenons donc les
choses de plus haut, et tâchons de rassembler sous un seul
point de vue cette lente succession d'événements et de
20 connaissances, dans leur ordre le plus naturel.

Le premier sentiment de l'homme fut celui de son
existence, son premier soin celui de sa conservation [1]. Les
productions de la terre lui fournissaient tous les secours
nécessaires, l'instinct le porta à en faire usage. La faim,
25 d'autres appétits lui faisant éprouver tour à tour diverses
manières d'exister, il y en eut une qui l'invita à perpétuer
son espèce; et ce penchant aveugle, dépourvu de tout
sentiment du cœur, ne produisait qu'un acte purement
animal. Le besoin satisfait, les deux sexes ne se reconnais-
30 saient plus, et l'enfant même n'était plus rien à la mère sitôt
qu'il pouvait se passer d'elle [2].

Telle fut la condition de l'homme naissant; telle fut
la vie d'un animal borné d'abord aux pures sensations [3],

---

1. Rousseau reprend l'homme à son premier stade défini dans la première partie. Il
répète ses définitions pour bien marquer le point de départ. — 2. Absence de toute société,
même naturelle, de toute cause, de tout embryon de société. — 3. Il ne pense pas, donc ne
fait pas de progrès.

et profitant à peine des dons que lui offrait la nature, loin
35 de songer à lui rien arracher [1]. Mais il se présenta bientôt
des difficultés; il fallut apprendre à les vaincre : la hauteur
des arbres, qui l'empêchait d'atteindre à leurs fruits, la
concurrence des animaux qui cherchaient à s'en nourrir,
la férocité de ceux qui en voulaient à sa propre vie, tout
40 l'obligea de s'appliquer aux exercices du corps; il fallut
se rendre agile, vite [2] à la course, vigoureux au combat. Les
armes naturelles, qui sont les branches d'arbres et les
pierres, se trouvèrent bientôt sous sa main. Il apprit à surmonter les obstacles de la nature, à combattre au besoin
45 les autres animaux, à disputer sa subsistance aux hommes
mêmes, ou à se dédommager de ce qu'il fallait céder au
plus fort.

A mesure que le genre humain s'étendit, les peines se
multiplièrent avec les hommes. La différence [3] des terrains,
50 des climats, des saisons put les forcer à en mettre dans
leurs manières de vivre. Des années stériles, des hivers
longs et rudes, des étés brûlants qui consument tout,
exigèrent d'eux une nouvelle industrie. Le long de la mer
et des rivières ils inventèrent la ligne et le hameçon, et
55 devinrent pêcheurs et ichthyophages. Dans les forêts ils se
firent des arcs et des flèches, et devinrent chasseurs et
guerriers. Dans les pays froids ils se couvrirent des peaux
des bêtes qu'ils avaient tuées. Le tonnerre, un volcan,
ou quelque heureux hasard, leur fit connaître le feu,
60 nouvelle ressource contre la rigueur de l'hiver : ils apprirent
à conserver cet élément, puis à le reproduire, et enfin à en
préparer les viandes qu'auparavant ils dévoraient crues.

Cette application réitérée des êtres divers à lui-même [4],
et des uns aux autres, dut naturellement engendrer dans

---

1. Il ne sait pas encore « exploiter » la nature, mettre ses forces à son service. Il se
contente de réagir directement en présence de chaque obstacle. Il est toujours en contact
étroit avec la nature. Plus tard il en sera séparé par la raison. — 2. Rapide. Pour les
besoins de la démonstration, Rousseau isole le stade primitif, théorique, du suivant. Mais
dès le début, les hommes ont dû vaincre ces difficultés. — 3. La troisième période voit la
différenciation des modes de vie selon les conditions géographiques, les premières inventions
dues à l'adaptation naturelle, et la découverte du feu. — 4. En se frottant à d'autres hommes
ou animaux, il apprend par le sens à faire une comparaison, à percevoir des rapports, ce
qui est la base de l'intelligence : *cf. Émile :* « Les premiers mouvements naturels de
l'homme étant donc de se mesurer avec tout ce qui l'environne et d'éprouver dans chaque
objet qu'il aperçoit toutes les qualités sensibles qui peuvent se rapporter à lui, sa
première étude est une sorte de physique expérimentale relative à sa propre conservation
[...]. La première raison de l'homme est une raison sensitive; c'est elle qui sert de base à la
raison intellectuelle. »

⁶⁵ l'esprit de l'homme les perceptions de certains rapports.
Ces relations que nous exprimons par les mots de grand,
de petit, de fort, de faible, de vite, de lent, de peureux, de
hardi, et d'autres idées pareilles, comparées au besoin,
et presque sans y songer ¹, produisirent enfin chez lui quel-
⁷⁰ que sorte de réflexion, ou plutôt une prudence machinale
qui lui indiquait les précautions les plus nécessaires à sa
sûreté.

Les nouvelles lumières qui résultèrent de ce développement augmentèrent sa supériorité sur les autres animaux
⁷⁵ en la lui faisant connaître. Il s'exerça à leur dresser des
pièges, il leur donna le change en mille manières, et quoique plusieurs le surpassassent en force au combat, ou en
vitesse à la course; de ceux qui pouvaient lui servir ou lui
nuire, il devint avec le temps le maître des uns ² et le fléau
⁸⁰ des autres. C'est ainsi que le premier regard qu'il porta
sur lui-même y produisit le premier mouvement d'orgueil;
c'est ainsi que sachant encore à peine distinguer les rangs,
et se contemplant au premier par son espèce, il se préparait
de loin à y prétendre par son individu ³.

⁸⁵ Quoique ses semblables ne fussent pas pour lui ce qu'ils
sont pour nous, et qu'il n'eût guère plus de commerce
avec eux qu'avec les autres animaux, ils ne furent pas
oubliés dans ses observations ⁴. Les conformités que le
temps put lui faire apercevoir entre eux, sa femelle et lui-
⁹⁰ même, lui firent juger de celles qu'il n'apercevait pas; et,
voyant qu'ils se conduisaient tous comme il aurait fait en
pareilles circonstances, il conclut que leur manière de
penser et de sentir était entièrement conforme à la sienne;
et cette importante vérité, bien établie dans son esprit, lui
⁹⁵ fit suivre, par un pressentiment aussi sûr et plus prompt
que la dialectique, les meilleures règles de conduite que,
pour son avantage et sa sûreté, il lui convînt de garder
avec eux.

---

1. Il ne s'agit encore que d'une intelligence pratique, presque inconsciente : l'homme
sent le danger plus qu'il ne le prévoit. — 2. Ceux qui pouvaient lui servir. —
3. Chaque nouveau progrès en engendre d'autres, continuellement. Le premier orgueil
est un mouvement presque naturel quoique non inné. La société en fera le plus funeste
des vices. L'orgueil destructeur n'est pas un vice de l'individu isolé. — 4. Après avoir
triomphé des difficultés élémentaires, des circonstances géographiques, des animaux (ou
peut-être en même temps), il « observe » ses semblables, avec lesquels il n'est pas encore
associé. Il découvre une identité, il pressent (par instinct et non par dialectique) les règles
de la morale sociale.

Instruit par l'expérience que l'amour du bien-être [1] est
100 le seul mobile des actions humaines, il se trouva en état
de distinguer les occasions rares où l'intérêt commun devait
le faire compter sur l'assistance de ses semblables, et
celles plus rares encore où la concurrence devait le faire
défier d'eux. Dans le premier cas il s'unissait avec eux en
105 troupeau, ou tout au plus par quelque sorte d'association
libre qui n'obligeait personne, et qui ne durait qu'autant
que le besoin passager [2] qui l'avait formée. Dans le second,
chacun cherchait à prendre ses avantages, soit à force
ouverte, s'il croyait le pouvoir, soit par adresse et subti-
110 lité, s'il se sentait le plus faible.

Voilà comment les hommes purent insensiblement
acquérir quelque idée grossière des engagements mutuels,
et de l'avantage de les remplir, mais seulement autant
que pouvait l'exiger l'intérêt présent et sensible; car la
115 prévoyance [3] n'était rien pour eux, et, loin de s'occuper
d'un avenir éloigné, ils ne songeaient pas même au len-
demain. S'agissait-il de prendre un cerf, chacun sentait [4]
bien qu'il devait pour cela garder fidèlement son poste;
mais si un lièvre venait à passer à la portée de l'un d'eux,
120 il ne faut pas douter qu'il ne le poursuivît sans scrupule,
et qu'ayant atteint sa proie il ne se souciât fort peu de faire
manquer la leur à ses compagnons [5].

Il est aisé de comprendre qu'un pareil commerce n'exigeait pas un langage beaucoup plus raffiné que celui des
125 corneilles ou des singes, qui s'attroupent à peu près de
même. Des cris inarticulés, beaucoup de gestes, et quelques
bruits imitatifs, durent composer pendant longtemps la
langue universelle; à quoi joignant dans chaque contrée [6]

---

1. Le but de la vie c'est le bonheur : constatation de fait, toute question morale
étant mise à part. *L'amour du bien-être* est à l'origine de la société. Ce sentiment
naturel persiste dans l'homme social, mais y crée des passions qui l'opposent à la nature.
— 2. Les réunions sont encore rares et passagères (chasse ou défense, en « meute »). —
3. Il n'y a pas de société mais des rencontres momentanées et utiles : l'homme vit au
jour le jour; il n'a pas *la prévoyance*, qualité des gouvernants, des ambitieux, des avares. —
4. L'homme n'a pas une claire conscience de son association; il n'a qu'un instinct de
chasse. Ainsi deux renards, deux canidés sauvages s'associent spontanément pour traquer
un lièvre. — 5. Ce qui prouve bien qu'il n'a pas le sens social et que l'individu est libre.
Cet homme se comporte comme le chien de chasse qui « prend le change », c'est-à-dire
abandonne le gibier qu'il doit suivre pour s'intéresser à un autre animal qui a coupé sa
piste. — 6. Il y a d'une part une *langue universelle*, comme chez les animaux d'une même
espèce, d'autre part *quelques sons articulés et conventionnels*, propres à chaque contrée,
qui sont les langues. Ce problème d'une langue universelle primitive avait longtemps préoc-
cupé les esprits. Pour Rousseau, l'isolement fait naître les langues particulières.

quelques sons articulés et conventionnels dont, comme
130 je l'ai déjà dit, il n'est pas trop facile d'expliquer l'institution, on eut dès langues particulières, mais grossières,
imparfaites, et telles à peu près qu'en ont aujourd'hui
diverses nations sauvages. Je parcours comme un trait
des multitudes de siècles, forcé par le temps qui
135 s'écoule, par l'abondance des choses que j'ai à dire, et
par le progrès presque insensible des commencements;
car plus les événements étaient lents à se succéder, plus
ils sont prompts à décrire [1].

Ces premiers progrès mirent enfin l'homme à portée
140 d'en faire de plus rapides. Plus l'esprit s'éclairait, et plus
l'industrie [2] se perfectionna. Bientôt, cessant de s'endormir
sous le premier arbre, ou de se retirer dans des cavernes,
on trouva quelques sortes de haches de pierres dures et
tranchantes qui servirent à couper du bois, creuser la terre,
145 et faire des huttes de branchages qu'on s'avisa ensuite
d'enduire d'argile et de boue. Ce fut là l'époque d'une
première révolution qui forma l'établissement et la distinction des familles, et qui introduisit une sorte de propriété, d'où peut-être naquirent déjà bien des querelles
150 et des combats [3]. Cependant, comme les plus forts furent
vraisemblablement les premiers à se faire des logements
qu'ils se sentaient capables de défendre, il est à croire que
les faibles trouvèrent plus court et plus sûr de les imiter
que de tenter de les déloger; et quant à ceux qui avaient
155 déjà des cabanes, chacun dut peu chercher à s'approprier
celle de son voisin, moins parce qu'elle ne lui appartenait
pas, que parce qu'elle lui était inutile, et qu'il ne pouvait
s'en emparer sans s'exposer à un combat très vif avec la
famille qui l'occupait.
160 Les premiers développements du cœur furent l'effet
d'une situation nouvelle qui réunissait dans une habi-

---

1. Jusqu'ici, excepté dans le domaine des langues, l'homme a très peu dépassé
le stade animal. Il n'a ni maison ni famille. Sa méthode conjecturale oblige
Rousseau à rester dans le vague et le général. Les progrès qui vont suivre
placeront nettement l'homme au-dessus de l'animal. — 2. L'ingéniosité pratique.
Ce sont ici les tout premiers gestes de l'*homo faber*, l'homme-artisan. — 3. Premier changement considérable : il y a une sorte de société, qui est la famille,
et une sorte de propriété, qui est la cabane avec un peu d'espace à l'entour; il n'y
a pas encore de division du travail. Ces phénomènes, y compris les querelles, sont encore
fort naturels. On en trouverait d'analogues chez certains animaux, notamment parmi les
oiseaux. Le groupement en familles est mentionné dans la *Genèse*. Cet état était, encore
au XVIII° siècle, celui de l'Amérique du Nord, selon Buffon.

tation commune les maris et les femmes, les pères et les
enfants. L'habitude de vivre ensemble fit naître les plus
doux sentiments [1] qui soient connus des hommes, l'amour
165 conjugal et l'amour paternel. Chaque famille devint une
petite société d'autant mieux unie que l'attachement
réciproque et la liberté en étaient les seuls liens; et ce
fut alors que s'établit la première différence dans la
manière de vivre des deux sexes, qui jusqu'ici n'en avaient
170 eu qu'une. Les femmes devinrent plus sédentaires et
s'accoutumèrent à garder la cabane et les enfants, tandis

---

1. Rousseau ne veut pas « nous faire marcher à quatre pattes ». Il loue le progrès que constitue l'acquisition des *doux sentiments* familiaux. Cette transformation morale et sociale est
due à des modifications matérielles (cabanes). La différence des sexes est à l'origine de la division du travail.

● **La première cause des misères** (p. 56 et suiv.)

Pour donner plus de poids à son idée-force, Rousseau l'affirme
dès le début de la deuxième partie (p. 36). Mais il ne la développera que plus loin (p. 63 et suiv.).
Partant de l'homme naturel qu'il a décrit dans la première
partie, il annonce les étapes à parcourir jusqu'à la propriété.
Chateaubriand a vu dans un texte de Pascal le germe de l'idée
de Rousseau : « Ce chien est à moi, disaient ces pauvres enfants;
c'est là ma place au soleil : voilà le commencement et l'image
de l'usurpation de toute la terre » (Pascal, *Pensées*, Br. V, 295,
Bordas, p. 110). Mais Pascal constate cette usurpation comme une
nécessité naturelle, spontanée; Rousseau stigmatise une injustice préméditée. Par une image et une formule frappantes, par
son appel pathétique, il pose les fondements d'une pensée
« socialiste » : suppression de la propriété, égale répartition
des revenus nationaux.
Les fruits sont à tous (l. 8) : en 1757 probablement, chez Mme d'É-
pinay, Rousseau démasqua et fit congédier un voleur de fruits
qui était le propre jardinier du domaine. Toutefois, il précise :
« Tant que [le voleur] ne parut s'adresser qu'à moi, j'endurai
tout » (*Confessions*, Livre IX).
L'auteur de l'*Émile* écrit que, dans le domaine dont il rêve,
« les fruits, à la discrétion des promeneurs, ne seraient ni
comptés ni cueillis par mon jardinier » (l. IV).
Voltaire fulminait en lisant ce passage du *Discours*. En réalité,
l'idée de Rousseau est assez classique : Cicéron, saint Augustin,
saint Thomas admettent qu'en droit naturel tout est commun.
Rousseau attaque ceux qui, comme Locke, soutenaient que la
propriété, fruit du travail, est un droit naturel. Au XVIIIᵉ siècle,
on commence à pratiquer la clôture des biens communaux, ce qui
suscita des mécontentements actifs pendant un siècle.

que l'homme allait chercher la subsistance commune. Les
deux sexes commencèrent aussi, par une vie un peu plus
molle, à perdre quelque chose de leur férocité et de leur
[175] vigueur; mais si chacun séparément devint moins propre
à combattre les bêtes sauvages, en revanche il fut plus aisé
de s'assembler pour leur résister en commun.

Dans ce nouvel état, avec une vie simple et solitaire,
des besoins très bornés, et les instruments qu'ils avaient
[180] inventés pour y pourvoir, les hommes, jouissant d'un fort
grand loisir, l'employèrent à se procurer plusieurs sortes
de commodités inconnues à leurs pères; et ce fut là le premier joug qu'ils s'imposèrent sans y songer, et la première source de maux qu'ils préparèrent à leurs descen-
[185] dants; car, outre qu'ils continuèrent ainsi à s'amollir [1] le
corps et l'esprit, ces commodités ayant par l'habitude perdu
presque tout leur agrément, et étant en même temps dégé-
nérées en de vrais besoins [2], la privation en devint beaucoup plus cruelle que la possession n'en était douce, et
[190] l'on était malheureux de les perdre sans être heureux de
les posséder.

On entrevoit un peu mieux ici comment l'usage de la
parole s'établit ou se perfectionna insensiblement dans le
sein de chaque famille, et l'on peut conjecturer encore
[195] comment diverses causes particulières purent étendre
le langage et en accélérer le progrès en le rendant plus
nécessaire. De grandes inondations [3] ou des tremblements
de terre environnèrent d'eaux ou de précipices des cantons
habités; des révolutions du globe détachèrent et cou-
[200] pèrent en îles des portions du continent [4]. On conçoit
qu'entre les hommes ainsi rapprochés et forcés de vivre
ensemble, il dut se former un idiome commun plutôt
qu'entre ceux qui erraient librement dans les forêts de la
terre ferme. Ainsi il est très possible qu'après leurs pre-
[205] miers essais de navigation, des insulaires aient porté parmi
nous l'usage de la parole; et il est au moins très vraisemblable que la société et les langues ont pris naissance dans

---

1. Cette évolution utile a son revers : l'amollissement dû aux *commodités*. — 2. La réflexion s'applique plutôt aux temps modernes qu'à la préhistoire: l'homme, gâté par les commodités, ne peut plus s'en passer, en devient l'esclave. Cette thèse est largement développée
dans l'*Émile*. Ici, Rousseau s'inspire notamment de Platon (*République*, II). — 3. Le déluge
par exemple. — 4. Séparation et migration des continents en dérive lorsque la terre était
encore relativement fluide (Rousseau adopte les idées de Buffon, *Histoire naturelle*, t. II,
« Théorie de la terre »).

les îles, et s'y sont perfectionnées avant que d'être connues dans le continent [1].

LA JEUNESSE DU MONDE
ET SA DÉCRÉPITUDE

Tout commence à changer de face. Les hommes errant jusqu'ici dans les bois, ayant pris une assiette [2] plus fixe, se rapprochent lentement, se réunissent en diverses troupes et forment enfin dans chaque contrée une nation particu-
5 lière, unie de mœurs et de caractères, non par des règlements et des lois, mais par le même genre de vie et d'aliments et par l'influence commune du climat [3]. Un voisinage permanent ne peut manquer d'engendrer enfin quelque liaison entre diverses familles. Des jeunes gens
10 de différents sexes habitent des cabanes voisines; le commerce passager que demande la nature en amène bientôt un autre, non moins doux et plus permanent par la fréquentation mutuelle. On s'accoutume à considérer différents objets et à faire des comparaisons; on acquiert
15 insensiblement des idées de mérite et de beauté qui pro- duisent des sentiments de préférence [4]. A force de se voir, on ne peut plus se passer de se voir encore. Un sentiment tendre et doux s'insinue dans l'âme, et par la moindre opposition devient une fureur impétueuse; la jalousie s'éveille avec
20 l'amour; la discorde triomphe, et la plus douce des pas- sions reçoit des sacrifices de sang humain [5].

A mesure que les idées et les sentiments se succèdent, que l'esprit et le cœur s'exercent, le genre humain continue à s'apprivoiser [6], les liaisons s'étendent et les liens se

1. Hypothèse ingénieuse concernant la formation d'une langue : un groupe d'hommes devenus « Robinsons », vivant dans une société forcée (due au hasard d'un cataclysme et non à un besoin de l'homme en général), ont constitué un langage et l'ont rapporté sur le continent lorsqu'ils surent naviguer. (Chez les seuls Papous on compte actuellement 620 langues connues et 320 encore inconnues.) Les cataclysmes ont d'abord dispersé, puis rassemblé les hommes. — 2. Une sédentarité relative. — 3. Noter les nuances : rappro- chement, troupe, nation. C'est encore une société naturelle unie par des causes physiques, des mœurs naturelles, non par des lois artificielles. — 4. Les relations entre les sexes ne sont plus la manifestation d'un simple instinct naturel, mais deviennent un plaisir « senti- mental » et font naître *des idées de beauté*. — 5. Rousseau excelle à peindre la naissance des passions qu'il a souvent éprouvées. Ces *sacrifices de sang humain* sont la conséquence du passage de l'état naturel à celui de société naissante. Pourtant ce mal est infiniment moindre que ceux causés plus tard par la propriété. — 6. Apprivoisé est le contraire de farouche : l'homme a maintenant des liens « privés » entre personnes et ne s'effarouche plus de tout voisinage.

25 resserrent. On s'accoutuma à s'assembler devant les
cabanes ou autour d'un grand arbre : le chant et la danse,
vrais enfants de l'amour et du loisir, devinrent l'amuse-
ment ou plutôt l'occupation des hommes et des femmes
oisifs et attroupés [1]. Chacun commença à regarder les
30 autres et à vouloir être regardé soi-même, et l'estime
publique eut un prix. Celui qui chantait ou dansait le
mieux, le plus beau, le plus fort, le plus adroit ou le plus
éloquent devint le plus considéré; et ce fut là le premier
pas vers l'inégalité, et vers le vice en même temps : de ces
35 premières préférences naquirent d'un côté la vanité et le
mépris, de l'autre la honte et l'envie; et la fermentation
causée par ces nouveaux levains produisit enfin des compo-
sés funestes au bonheur et à l'innocence [2].

Sitôt que les hommes eurent commencé à s'apprécier
40 mutuellement et que l'idée de la considération fut formée
dans leur esprit, chacun prétendit y avoir droit, et il ne
fut plus possible d'en manquer impunément pour personne.
De là sortirent les premiers devoirs de la civilité, même
parmi les sauvages, et de là tout tort volontaire devint
45 un outrage, parce qu'avec le mal qui résultait de l'injure
l'offensé y voyait le mépris de sa personne, souvent plus
insupportable que le mal même [3]. C'est ainsi que, chacun
punissant le mépris qu'on lui avait témoigné d'une manière
proportionnée au cas qu'il faisait de lui-même, les ven-
50 geances devinrent terribles, et les hommes sanguinaires
et cruels. Voilà précisément le degré où étaient parvenus
la plupart des peuples sauvages qui nous sont connus; et
c'est faute d'avoir suffisamment distingué les idées, et
remarqué combien ces peuples étaient déjà loin du premier
55 état de nature, que plusieurs se sont hâtés de conclure que
l'homme est naturellement cruel et qu'il a besoin de
police pour l'adoucir; tandis que rien n'est si doux que
lui dans son état primitif, lorsque, placé par la nature à des

---

1. Ce tableau bucolique fait penser au genre de spectacles et de fêtes que Rousseau
propose dans sa *Lettre à d'Alembert*. Toutefois, ici c'est l'inégalité qui naît; dans la *Lettre*,
la cérémonie fait renaître l'union. — 2. Même cette société restreinte engendre déjà des
vices que n'avait pas l'homme naturel. Rousseau a une horreur physique des sociétés où
il faut rivaliser d'adresse pour être considéré et non méprisé. — 3. Le tort matériel est moins
grave que l'offense faite à la susceptibilité de l'amour-propre. La vengeance est proportionnée, non au tort matériel, mais à l'orgueil de l'offensé. Rousseau se souvient de ses
propres expériences mondaines. Il était très sensible, se croyait persécuté; d'autre part, il
craignait toujours d'avoir offensé les autres, et s'en tourmentait, s'humiliait.

distances égales de la stupidité des brutes et des lumières
[60] funestes de l'homme civil, et borné également par l'instinct
et par la raison à se garantir du mal qui le menace, il est
retenu par la pitié naturelle de faire lui-même du mal
à personne, sans y être porté par rien, même après en avoir
reçu. Car, selon l'axiome du sage Locke, *il ne saurait y*
[65] *avoir d'injure où il n'y a point de propriété.*

Mais il faut remarquer que la société commencée et les
relations déjà établies entre les hommes exigeaient en
eux des qualités différentes de celles qu'ils tenaient de leur
constitution primitive; que la moralité[1] commençant
[70] à s'introduire dans les actions humaines, et chacun,
avant les lois, étant seul juge et vengeur des offenses qu'il
avait reçues, la bonté convenable au pur état de nature
n'était plus celle qui convenait à la société naissante; qu'il
fallait que les punitions devinssent plus sévères à mesure
[75] que les occasions d'offenser devenaient plus fréquentes;
et que c'était à la terreur des vengeances de tenir lieu du
frein des lois[2]. Ainsi, quoique les hommes fussent devenus
moins endurants[3], et que la pitié naturelle eût déjà souf-
fert quelque altération, cette période du développement
[80] des facultés humaines, tenant un juste milieu entre l'indolence[4] de l'état primitif et la pétulante activité de notre
amour-propre[5], dut être l'époque la plus heureuse et la
plus durable. Plus on y réfléchit, plus on trouve que cet
état était le moins sujet aux révolutions, le meilleur à
[85] l'homme (16), et qu'il n'en a dû sortir que par quelque
funeste hasard[6], qui, pour l'utilité commune, eût dû ne
jamais arriver. L'exemple des sauvages, qu'on a presque
tous trouvés à ce point, semble confirmer que le genre
humain était fait pour y rester toujours, que cet état est
[90] la véritable jeunesse du monde, et que tous les progrès ul-
térieurs ont été en apparence autant de pas vers la per-

---

1. *Moralité* : conscience de ce qu'il faut faire ou ne pas faire dans les relations avec les
autres hommes. — 2. Le droit est purement individuel : chacun juge et punit. L'homme ne
pouvait plus être aussi bon qu'au début, parce qu'en société il est trop facile d'offenser. —
3. L'homme primitif, naturel, se borne à se garantir du mal, sans en faire à personne.
L'homme « secondaire » est moins patient, plus susceptible. — 4. L'homme naturel ne
réagit pas, ne souffre pas moralement du mal qui lui est fait. — 5. L'homme moderne est
très « chatouilleux » sur le point d'honneur. — 6. Loin d'être une conséquence logique et
nécessaire, un besoin vital, la propriété et les transformations qu'elle entraîna furent le
fruit d'un *hasard*, d'un accident.

fection de l'individu, et en effet vers la décrépitude de
l'espèce [1].

95   Tant que les hommes se contentèrent de leurs cabanes
rustiques, tant qu'ils se bornèrent à coudre leurs habits
de peaux avec des épines ou des arêtes, à se parer de
plumes et de coquillages, à se peindre le corps de diverses
couleurs, à perfectionner ou embellir leurs arcs et leurs
flèches, à tailler avec des pierres tranchantes quelques
100   canots de pêcheurs ou quelques grossiers instruments de
musique; en un mot, tant qu'ils ne s'appliquèrent qu'à
des ouvrages qu'un seul pouvait faire, et qu'à des arts qui
n'avaient pas besoin du concours de plusieurs mains, ils
vécurent libres, sains, bons et heureux autant qu'ils pou-
105   vaient l'être par leur nature [2] et continuèrent à jouir entre
eux des douceurs d'un commerce [3] indépendant : mais dès
l'instant qu'un homme eut besoin du secours d'un autre,
dès qu'on s'aperçut qu'il était utile à un seul d'avoir des
provisions pour deux, l'égalité disparut, la propriété
110   s'introduisit, le travail devint nécessaire, et les vastes
forêts se changèrent en des campagnes riantes qu'il
fallut arroser de la sueur des hommes, et dans lesquelles
on vit bientôt l'esclavage et la misère germer et croître
avec les moissons.
115   La métallurgie et l'agriculture furent les deux arts dont
l'invention produisit cette grande révolution. Pour le
poète, c'est l'or et l'argent [4], mais pour le philosophe
ce sont le fer et le blé qui ont civilisé les hommes, et perdu
le genre humain. Aussi l'un et l'autre étaient-ils inconnus
120   aux sauvages de l'Amérique, qui pour cela sont toujours
demeurés tels; les autres peuples semblent même être
restés barbares tant qu'ils ont pratiqué l'un de ces arts
sans l'autre; et l'une des meilleures raisons peut-être
pourquoi l'Europe a été, sinon plus tôt, du moins plus
125   constamment et mieux policée que les autres parties du
monde, c'est qu'elle est à la fois la plus abondante en
fer et la plus fertile en blé.

---

1. Le « progrès » fait vieillir le monde et le conduit à sa destruction lente. Mais chacun
croit assurer par là son bonheur. — 2. Les quelques inconvénients mentionnés à la page
précédente et inhérents à la nature de l'homme ne l'empêchent pas d'être libre, sain, heureux. — 3. *Commerce* : relations, rapports. — 4. *L'or et l'argent*, fruits de la métallurgie,
de la propriété, de la société, symbolisent les vices. Rousseau trouve une cause plus maté-
rielle, économique (même idée chez Diderot).

Il est très difficile de conjecturer [1] comment les hommes sont parvenus à connaître et employer le fer; car il n'est pas croyable qu'ils aient imaginé d'eux-mêmes de tirer la matière de la mine [2] et de lui donner les préparations nécessaires pour la mettre en fusion avant que de savoir ce qui en résulterait. D'un autre côté, on peut d'autant moins attribuer cette découverte à quelque incendie accidentel, que les mines ne se forment [3] que dans des lieux arides et dénués d'arbres et de plantes, de sorte qu'on dirait que la nature avait pris des précautions pour nous dérober ce fatal secret [4]. Il ne reste donc que la circonstance extraordinaire de quelque volcan, qui, vomissant des matières métalliques en fusion, aura donné aux observateurs l'idée d'imiter cette opération de la nature; encore faut-il leur supposer bien du courage et de la prévoyance pour entreprendre un travail aussi pénible et envisager d'aussi loin les avantages qu'ils en pouvaient retirer; ce qui ne convient guère qu'à des esprits déjà plus exercés que ceux-ci ne le devaient être [5].

Quant à l'agriculture, le principe en fut connu longtemps avant que la pratique en fût établie, et il n'est guère possible que les hommes, sans cesse occupés à tirer leur subsistance des arbres et des plantes, n'eussent assez promptement l'idée des voies que la nature emploie pour la génération des végétaux [6]; mais leur industrie ne se tourna probablement que fort tard de ce côté-là, soit parce que les arbres qui, avec la chasse et la pêche, fournissaient à leur nourriture, n'avaient pas besoin de leurs soins, soit faute de connaître l'usage du blé, soit faute d'instruments pour le cultiver, soit faute de prévoyance pour le besoin à venir, soit enfin faute de moyens pour empêcher les autres de s'approprier le fruit de leur travail. Devenus plus industrieux, on peut croire qu'avec des pierres aiguës et des bâtons pointus [7] ils commencèrent par cultiver quelques légumes ou racines autour de leurs cabanes, long-

---

1.Encore une hypothèse, qui d'ailleurs n'est pas indispensable à la démonstration. — 2. Le minerai. — 3. Remarque contestable. — 4. Idée familière à Rousseau: il croit à une certaine finalité. — 5. Idée déjà développée dans la première partie. Le passage de l'âge de pierre à l'âge de bronze fut lent. — 6. L'agriculture, art d'imitation, exige moins d'ingéniosité que l'industrie, art d'invention, dont la nature montre très rarement le processus. — 7. Dans la première moitié du xxᵉ siècle des indigènes d'Afrique travaillaient encore le sol avec des houes de bois.

temps avant de savoir préparer le blé et d'avoir les instruments nécessaires pour la culture en grand ; sans compter
165 que, pour se livrer à cette occupation et ensemencer
des terres, il faut se résoudre à perdre d'abord quelque
chose pour gagner beaucoup dans la suite ; précaution
fort éloignée du tour d'esprit de l'homme sauvage, qui,
comme je l'ai dit, a bien de la peine à songer le matin à
170 ses besoins du soir [1].

L'invention des autres arts fut donc nécessaire pour
forcer [2] le genre humain de s'appliquer à celui de l'agriculture. Dès qu'il fallut des hommes pour fondre et forger
le fer, il fallut d'autres hommes pour nourrir ceux-là [3].
175 Plus le nombre des ouvriers vint à se multiplier, moins
il y eut de mains employées à fournir à la subsistance
commune, sans qu'il y eût moins de bouches pour la
consommer ; et, comme il fallut aux uns des denrées en
échange de leur fer, les autres trouvèrent enfin le secret
180 d'employer le fer à la multiplication des denrées [4]. De
là naquirent d'un côté le labourage et l'agriculture, et de
l'autre l'art de travailler les métaux et d'en multiplier les
usages.

De la culture des terres s'ensuivit nécessairement leur
185 partage, et de la propriété une fois reconnue les premières
règles de justice : car, pour rendre à chacun le sien, il faut
que chacun puisse avoir quelque chose ; de plus, les
hommes commençant à porter leurs vues dans l'avenir,
et se voyant tous quelques biens à perdre, il n'y en avait
190 aucun qui n'eût à craindre pour soi la représaille des
torts qu'il pouvait faire à autrui. Cette origine est d'autant
plus naturelle, qu'il est impossible de concevoir l'idée de
la propriété naissante d'ailleurs que de la main-d'œuvre ;
car on ne voit pas ce que, pour s'approprier les choses
195 qu'il n'a point faites, l'homme y peut mettre de plus que
son travail. C'est le seul travail qui, donnant droit au
cultivateur sur le produit de la terre qu'il a labourée,

---

1. Au début du XXᵉ siècle, les colonisateurs se plaignaient que les nègres mangeassent le maïs qu'on leur donnait, au lieu de le semer, quittes à souffrir de la faim. — 2. L'agriculture n'est donc pas spontanée. — 3. Début de la division du travail, source de toute dépendance. Rousseau préfère le travail artisanal, indépendant. Il a horreur de la subordination (qui est allée jusqu'au « travail à la chaîne »). — 4. De cette division naît le troc permanent, fondement du commerce, et aussi l'inégalité, la notion de superflu (indépendant du simple besoin physique).

lui en donne par conséquent sur le fonds, au moins jusqu'à
la récolte, et ainsi d'année en année, ce qui, faisant une
200 possession continue, se transforme aisément en propriété.
Lorsque les anciens, dit Grotius [1], ont donné à Cérès [2]
l'épithète de législatrice, et à une fête célébrée en son honneur le nom de Thesmophories [3], ils ont fait entendre par
là que le partage des terres a produit une nouvelle sorte
205 de droit, c'est-à-dire le droit de propriété, différent de
celui qui résulte de la loi naturelle.

Les choses en cet état eussent pu demeurer égales si les
talents [4] eussent été égaux, et que, par exemple, l'emploi
du fer et la consommation des denrées eussent toujours
210 fait une balance exacte [5] : mais la proportion que rien ne
maintenait fut bientôt rompue; le plus fort faisait plus
d'ouvrage; le plus adroit tirait meilleur parti du sien; le
plus ingénieux trouvait des moyens d'abréger le travail; le
laboureur avait plus besoin de fer, ou le forgeron plus
215 besoin de blé, et en travaillant également, l'un gagnait
beaucoup tandis que l'autre avait peine à vivre. C'est
ainsi que l'inégalité naturelle se déploie insensiblement
avec celle de combinaison [6] et que les différences des
hommes, développées par celles des circonstances, se
220 rendent plus sensibles, plus permanentes dans leurs effets,
et commencent à influer dans la même proportion sur le
sort des particuliers.

Les choses étant parvenues à ce point, il est facile
d'imaginer le reste. Je ne m'arrêterai pas à décrire l'in-
225 vention successive des autres arts, le progrès des langues,
l'épreuve et l'emploi des talents, l'inégalité des fortunes,
l'usage ou l'abus des richesses, ni tous les détails qui
suivent ceux-ci, et que chacun peut aisément suppléer.
Je me bornerai seulement à jeter un coup d'œil sur le
230 genre humain placé dans ce nouvel ordre de choses.

---

1. *Grotius*, juriste hollandais (1583-1645) surnommé « le père du droit des gens ». Il croyait à l'existence d'une communauté primitive des biens. Lorsque les ressources n'ont plus été surabondantes, il a fallu partager en légiférant. — 2. Déesse des moissons, de l'agriculture et de la civilisation (en grec *Déméter*). — 3. Cérès législatrice avait un temple à Athènes, le *thesmophorion*. La fête des *Thesmophories* (de *thesmos*, loi, et *pherô*, apporter), ou Éleusinies, réservée aux femmes mariées, se célébrait après les semailles d'hiver, dernier travail de l'année. — 4. Dons naturels : force, adresse, ingéniosité. L'inégalité des *talents* n'aurait eu aucune conséquence fâcheuse si l'on était resté à l'état de nature. — 5. C'est-à-dire si le forgeron avait produit, en fer, l'équivalent exact de ce qu'il consommait en blé. — 6. Due à la *combinaison* des différentes causes nouvelles.

● **L'homme naturel et le sauvage actuel** (p. 64, l. 39-65)

Il ne faut pas confondre l'homme primitif, isolé, naturellement bon, et les sauvages connus que leur société a déjà rendus parfois *sanguinaires et cruels* (l. 50). Par cette distinction, Rousseau réfute la thèse classique de l'homme naturellement méchant adouci par la société. Mais même à ce stade secondaire l'homme ne connaît pas les maux causés par la société : il est « libre, sain, bon, heureux » (voir l. 104). Ce deuxième état est le seul auquel l'homme était naturellement destiné. Toute l'évolution ultérieure n'était ni nécessaire ni naturelle; elle résulte d'un hasard funeste.

● **La déchéance du sauvage qui se civilise** (l. 94-127)

① Les *Lettres persanes* 11 à 14 décrivant les Troglodytes ont-elles pu inspirer Rousseau dans sa peinture des sociétés primitives?

② Étudier la construction de la période : *Tant que les hommes... moissons* (l. 94-114).

③ Relever les mots qui prouvent l'indépendance ou l'autarcie de l'homme sauvage.

④ Expliquer les différentes étapes du processus (groupement, besoin, culture, travail, propriété).

⑤ Pourquoi l'Europe a-t-elle été mieux policée que les autres parties du monde? Discuter la raison donnée par Rousseau.

⑥ Rousseau a-t-il tort de considérer le sauvage actuel comme un primitif attardé?

● **L'origine de la propriété** (l. 184-206)

Pour Grotius, Pufendorf, Montesquieu, une convention fonde la propriété en légitimant l'occupation. Pour Locke et Barbeyrac, la propriété est fondée sur le travail. Rousseau fonde la propriété sur le travail qui légitime l'occupation : par le travail l'homme a transformé un morceau de terrain, l'a fait sien.
Pour Locke, c'est un droit naturel, pour Rousseau une attitude contraire à la nature. Cette possession engendre la prévoyance, qualité de l'avare ou de l'intrigant politique, donc source de maux futurs. Notons que, dans l'*Émile* (l. II), Rousseau inspire à son élève le respect de la propriété.
Rousseau, qui avait lu les *Lois* de Platon, rêve d'une société sans riches ni pauvres, sans métaux. Diderot, dans l'*Encyclopedie*, avait imaginé une sorte de communisme vertueux (article *Baschionites*).

LES LOIS SONT CONTRAIRES
AU DROIT NATUREL

Voilà [1] donc toutes nos facultés développées, la mémoire et l'imagination en jeu, l'amour-propre intéressé, la raison rendue active et l'esprit arrivé presque au terme de la perfection dont il est susceptible. Voilà toutes les qualités
[5] naturelles mises en action [2], le rang et le sort de chaque homme établis, non seulement sur la quantité des biens et le pouvoir de servir ou de nuire, mais sur l'esprit, la beauté, la force ou l'adresse, sur le mérite ou les talents, et ces qualités étant les seules qui pouvaient attirer de la
[10] considération, il fallut bientôt les avoir ou les affecter [3]; il fallut, pour son avantage, se montrer autre que ce qu'on était en effet. Être et paraître devinrent deux choses tout à fait différentes, et de cette distinction sortirent le faste imposant, la ruse trompeuse, et tous les vices qui en sont
[15] le cortège [4]. D'un autre côté, de libre et indépendant qu'était auparavant l'homme, le voilà, par une multitude de nouveaux besoins, assujetti, pour ainsi dire, à toute la nature, et surtout à ses semblables dont il devient l'esclave en un sens, même en devenant leur maître; riche [5],
[20] il a besoin de leurs services; pauvre, il a besoin de leurs secours, et la médiocrité [6] ne le met point en état de se passer d'eux. Il faut donc qu'il cherche sans cesse à les intéresser à son sort, et à leur faire trouver, en effet ou en apparence, leur profit à travailler pour le sien : ce qui le
[25] rend fourbe et artificieux avec les uns [7], impérieux et dur avec les autres [8], et le met dans la nécessité d'abuser [9] tous ceux dont il a besoin, quand il ne peut s'en faire craindre,

---

1. Après l'institution de la propriété et avant celle des lois. — 2. Des *qualités naturelles* qui auraient pu rester latentes ou servir seulement en cas d'urgence sont systématiquement et inutilement exploitées à fond dans l'état social qui les hypertrophie. — 3. L'inégalité est fondée, d'une part, sur la richesse et la puissance, d'autre part sur les qualités sociales que l'homme naturel et vertueux ne possède pas toujours, que l'hypocrite peut simuler. — 4. C'est Rousseau-Alceste qui exprime la conclusion de ses expériences mondaines. Ce tableau de la vie mondaine se trouvait déjà en tête du premier *Discours*. Les vices sont liés à la pression sociale. — 5. Le *riche* lui-même n'est pas libre: il dépend de ses nombreux laquais qui souvent se moquent de lui, le volent et le servent mal. Rousseau avait horreur de ces domestiques fripons. — 6. État intermédiaire entre la richesse et la pauvreté. — 7. Les plus riches. — 8. Les plus faibles. — 9. Tromper.

et qu'il ne trouve pas son intérêt à les servir [1] utilement.
Enfin l'ambition dévorante, l'ardeur d'élever sa fortune
30 relative, moins par un véritable besoin que pour se mettre
au-dessus des autres [2], inspirent à tous les hommes un noir
penchant à se nuire mutuellement, une jalousie secrète
d'autant plus dangereuse que, pour faire son coup plus en
sûreté, elle prend souvent le masque de la bienveillance [3];
35 en un mot, concurrence et rivalité d'une part, de l'autre
opposition d'intérêts, et toujours le désir caché de faire
son profit aux dépens d'autrui; tous ces maux sont le
premier effet de la propriété et le cortège inséparable
de l'inégalité naissante.

40   Avant qu'on eût inventé les signes représentatifs des
richesses, elles ne pouvaient guère consister qu'en terres
et en bestiaux [4], les seuls biens réels que les hommes
puissent posséder. Or, quand les héritages se furent accrus
en nombre et en étendue au point de couvrir le sol entier
45 et de se toucher tous, les uns ne purent plus s'agrandir
qu'aux dépens des autres, et les surnuméraires [5] que la
faiblesse ou l'indolence avaient empêchés d'en acquérir
à leur tour, devenus pauvres sans avoir rien perdu, parce
que, tout changeant autour d'eux, eux seuls n'avaient
50 point changé [6], furent obligés de recevoir ou de ravir leur
subsistance de la main des riches; et de là commencèrent
à naître, selon les divers caractères des uns et des autres,
la domination et la servitude, ou la violence et les rapines [7]. Les riches, de leur côté, connurent à peine le
55 plaisir de dominer, qu'ils dédaignèrent bientôt tous les
autres, et, se servant de leurs anciens esclaves pour en
soumettre de nouveaux, ils ne songèrent qu'à subjuguer [8]

---

1. On ne rend un service que par intérêt. L'homme, maintenant livré au devenir, ne voit plus la nature, il prévoit et craint la mort, se sent différent de ses semblables, est vulnérable et inquiet. — 2. L'homme naturel agit par besoin, l'homme social par passion, par orgueil. — 3. Ce tableau rappelle certains jugements portés par des moralistes sur la cour de Louis XIV. Rousseau avait pu observer cette bienveillance extérieure cachant la jalousie, au cours de son séjour à l'ambassade de France à Venise. — 4. Le mot latin *pecunia* (argent) vient de *pecus* (bétail); *salaire* vient de *sel;* à l'origine, les *biens* sont *réels,* naturels. — 5. Qui sont en surnombre. — 6. La société oblige même les hommes vertueux à s'enrichir, à spéculer, à suivre l'évolution sous peine de périr. — 7. Ici commence la lutte des classes. Les pauvres, qui sont obligés de mendier ou de se révolter pour vivre, sont simplement des hommes sans cupidité, qui ont conservé trop tard l'innocence naturelle. — 8. Les riches sont, par définition, impérialistes. La situation est paradoxale, puisque ce sont les esclaves qui, au lieu de se révolter, oppriment d'autres esclaves, pour le compte de leurs maîtres.

et asservir leurs voisins; semblables à ces loups [1] affamés qui, ayant une fois goûté de la chair humaine, rebutent
60 toute autre nourriture, et ne veulent plus que dévorer des hommes.

C'est ainsi que les plus puissants ou les plus misérables, se faisant de leurs forces ou de leurs besoins une sorte de droit au bien d'autrui [2], équivalent, selon eux, à celui de
65 propriété, l'égalité rompue fut suivie du plus affreux désordre; c'est ainsi que les usurpations des riches, les brigandages des pauvres, les passions effrénées de tous, étouffant la pitié naturelle et la voix encore faible de la justice, rendirent les hommes avares, ambitieux et mé-
70 chants [3]. Il s'élevait entre le droit du plus fort et le droit du premier occupant un conflit perpétuel qui ne se terminait que par des combats et des meurtres (**17**). La société naissante fit place au plus horrible état de guerre : le genre humain, avili et désolé, ne pouvant plus retour-
75 ner sur ses pas, ni renoncer aux acquisitions malheureuses qu'il avait faites, et ne travaillant qu'à sa honte, par l'abus des facultés qui l'honorent, se mit lui-même à la veille de sa ruine.

> *Attonitus novitate mali, divesque miserque,*
> *Effugere optat opes, et quæ modo voverat odit*[4].
>
> OVID., *Metam.*, XI, v. 127.

Il n'est pas possible que les hommes n'aient fait enfin
80 des réflexions sur une situation aussi misérable et sur les calamités dont ils étaient accablés. Les riches surtout durent bientôt sentir combien leur était désavantageuse une guerre perpétuelle dont ils faisaient seuls tous les frais [5], et dans laquelle le risque de la vie était commun, et celui des
85 biens, particulier [6]. D'ailleurs, quelque couleur qu'ils pussent donner à leurs usurpations, ils sentaient assez

---

1. Rousseau, prophète social, condamne violemment les riches. *Cf.* Léon Bloy : « Le riche est une brute inexorable qu'il faut arrêter avec une faux ou un paquet de mitraille dans le ventre. » (*L'Hallali*, 1900). — 2. Entre l'établissement de la propriété et celui des lois, il y a une période de lutte des classes, de guerre sociale. Le droit n'est pas encore défini en faveur des riches exclusivement, parce que les droits naturels sont à tous. — 3. L'homme naturellement bon est rendu méchant par la société : Rousseau a pris conscience de son idée fondamentale. — 4. « Épouvanté par la nouveauté du mal, à la fois riche et malheureux, il souhaite échapper à ses richesses et il hait ce qu'il avait désiré jadis. » — 5. Puisqu'ils étaient seuls à posséder des biens vulnérables. — 6. *Risque particulier* aux riches.

qu'elles n'étaient établies que sur un droit précaire et
abusif, et que, n'ayant été acquises que par la force, la
force [1] pouvait les leur ôter sans qu'ils eussent raison de
90 s'en plaindre. Ceux mêmes que la seule industrie [2] avait
enrichis ne pouvaient guère fonder leur propriété sur de
meilleurs titres. Ils avaient beau dire : « C'est moi qui
» ai bâti ce mur; j'ai gagné ce terrain par mon travail. —
» Qui vous a donné les alignements, leur pouvait-on répon-
95 » dre, et en vertu de quoi prétendez-vous être payés à nos
» dépens d'un travail que nous ne vous avons point im-
» posé? Ignorez-vous qu'une multitude de vos frères périt
» ou souffre du besoin de ce que vous avez de trop, et qu'il
» vous fallait un consentement exprès et unanime du genre
100 » humain [3] pour vous approprier sur la subsistance com-
» mune tout ce qui allait au delà de la vôtre? » Destitué [4] de
raisons valables pour se justifier et de forces suffisantes pour
se défendre; écrasant facilement un particulier, mais écrasé
lui-même par des troupes de bandits; seul contre tous, et
105 ne pouvant, à cause des jalousies mutuelles, s'unir avec
ses égaux contre des ennemis unis par l'espoir commun
du pillage, le riche, pressé par la nécessité, conçut enfin
le projet le plus réfléchi [5] qui soit jamais entré dans l'esprit
humain : ce fut d'employer en sa faveur les forces mêmes
110 de ceux qui l'attaquaient, de faire ses défenseurs de ses
adversaires, de leur inspirer d'autres maximes, et de leur
donner d'autres institutions qui lui fussent aussi favorables
que le droit naturel lui était contraire [6].

Dans cette vue, après avoir exposé à ses voisins l'horreur
115 d'une situation qui les armait tous les uns contre les autres,
qui leur rendait leurs possessions aussi onéreuses que leurs
besoins [7], et où nul ne trouvait sa sûreté ni dans la pauvreté ni dans la richesse, il inventa aisément des raisons
spécieuses [8] pour les amener à son but. « Unissons-nous,
120 » leur dit-il, pour garantir de l'oppression les faibles [9],

---

1. C'est ce que dit Montesquieu du régime despotique. — 2. Activité, ingéniosité
— 3. Même le travail ne légitime pas la propriété. Personne n'a le droit de prendre pour soi
des biens qui appartiennent au *genre humain*. Toute propriété, toute « colonisation » est
illégitime. — 4. Privé. — 5. Rousseau constate avec amertume l'habileté du procédé (*cf.*
« L'homme qui pense est un animal dépravé »). Déchu de sa condition naturelle, l'homme
réfléchit pour organiser l'oppression. — 6. Les institutions sont donc, en vertu de leur
origine, le *contraire* du *droit naturel*. C'est l'une des idées-forces du discours. — 7. Les
riches sont aussi inquiets pour *leurs possessions* illégitimes que les pauvres pour la satisfaction de *leurs besoins* légitimes. — 8. Belles et trompeuses. — 9. Prétexte hypocrite.

» contenir les ambitieux, et assurer [1] à chacun la possession
» de ce qui lui appartient : instituons des règlements de
» justice et de paix auxquels tous soient obligés de se
» conformer, qui ne fassent acception de personne, et
125 » qui réparent en quelque sorte les caprices de la fortune [2],
» en soumettant également le puissant et le faible à des
» devoirs mutuels. En un mot, au lieu de tourner nos
» forces contre nous-mêmes, rassemblons-les en un
» pouvoir suprême qui nous gouverne selon de sages
130 » lois, qui protège et défende tous les membres de l'asso-
» ciation [3], repousse les ennemis communs, et nous
» maintienne dans une concorde éternelle. »

Il en fallut beaucoup moins que l'équivalent de ce
discours pour entraîner des hommes grossiers, faciles à
135 séduire [4], qui d'ailleurs avaient trop d'affaires à démêler
entre eux pour pouvoir se passer d'arbitres, et trop d'avarice [5] et d'ambition pour pouvoir longtemps se passer de
maîtres. Tous coururent au devant de leurs fers, croyant
assurer leur liberté; car, avec assez de raison pour sentir
140 les avantages d'un établissement politique, ils n'avaient
pas assez d'expérience pour en prévoir les dangers; les plus
capables de pressentir les abus étaient précisément ceux
qui comptaient d'en profiter, et les sages mêmes virent
qu'il fallait se résoudre à sacrifier une partie de leur liberté
145 à la conservation de l'autre, comme un blessé se fait couper
le bras pour sauver le reste du corps [6].

Telle fut ou dut être l'origine de la société et des lois,
qui donnèrent de nouvelles entraves au faible et de nouvelles forces au riche (18), détruisirent sans retour la liberté
150 naturelle, fixèrent pour jamais la loi de la propriété et de
l'inégalité, d'une adroite usurpation firent un droit irrévocable, et, pour le profit de quelques ambitieux, assu-
jettirent désormais tout le genre humain au travail, à la
servitude et à la misère. On voit aisément comment l'éta-

---

1. Vraie raison. — 2. L'état naturel heureux est déguisé sous le nom de *caprices de la fortune*, alors que ce sont les riches qui l'ont détruit. L'usurpation est couverte par un prétexte d'égalité. — 3. Les riches proposent un faux « contrat social » qui ne profitera qu'à eux-mêmes. — 4. Tromper. Opposition entre le riche fourbe, et le pauvre homme naturel, le bon sauvage, toujours plein de bonne volonté. — 5. Cupidité. Ce sont les vices dus à la société. — 6. Donc la société est un pis-aller, une résection chirurgicale qui profite à une oli-garchie : c'est qu'il n'y fait plus une histoire de l'humanité, mais il y étudie ce qui est possible pour améliorer une situation existante.

[155] blissement d'une seule société rendit indispensable celui de toutes les autres, et comment, pour faire tête à des forces unies, il fallut s'unir à son tour. Les sociétés, se multipliant ou s'étendant rapidement, couvrirent bientôt toute la surface de la terre, et il ne fut plus possible de [160] trouver un seul coin dans l'univers où l'on pût s'affranchir du joug, et soustraire sa tête au glaive souvent mal conduit que chaque homme vit perpétuellement suspendu sur la sienne. Le droit civil étant ainsi devenu la règle commune des citoyens, la loi de nature n'eut plus lieu qu'entre [165] les diverses sociétés, où, sous le nom de droit des gens, elle fut tempérée par quelques conventions tacites pour rendre le commerce[1] possible et suppléer à la commisération naturelle, qui, perdant de société à société presque toute la force qu'elle avait d'homme à homme, ne réside plus [170] que dans quelques grandes âmes cosmopolites qui franchissent les barrières imaginaires qui séparent les peuples, et qui, à l'exemple de l'Être souverain qui les a créés, embrassent tout le genre humain dans leur bienveillance.

Les corps politiques, restant ainsi entre eux dans l'état [175] de nature, se ressentirent bientôt des inconvénients qui avaient forcé les particuliers d'en sortir[2], et cet état devint encore plus funeste entre ces grands corps qu'il ne l'avait

---

1. Les relations humaines de tout genre. — 2. L'anarchie, due à la propriété et à la société sans lois, subsiste entre les États; d'où les guerres.

- **La légalisation de l'usurpation** (p. 74-77)

  Hobbes plaçait cette « lutte de tous contre tous » à l'époque primitive, dans l'état de nature. Rousseau, au contraire, la situe chez des hommes déjà dénaturés, dans une société naissante mais encore dépourvue de code.
  La propriété et la société ont excité des passions qui créent une sanglante anarchie (au lieu de la paisible anarchie naturelle). Jusqu'alors précaires, elles sont fixées par les lois, contrats trompeurs inventés par les riches pour condamner les autres à la misère perpétuelle. Ainsi les États se forment et aucune vie naturelle ne peut plus subsister. L'anarchie sanglante ne subsiste qu'entre les États : c'est la guerre.
  Seuls, quelques « citoyens du monde » comme Socrate, Diogène ou Rousseau conservent la pitié naturelle. Chez tous les autres elle est supplantée par le droit qui favorise l'oppresseur.
  ① Quelle origine Rousseau attribue-t-il aux lois, aux nations?
  ② Relever des affirmations paradoxales, révolutionnaires.

été auparavant entre les individus dont ils étaient compo-
sés. De là sortirent les guerres nationales, les batailles,
180 les meurtres, les représailles, qui font frémir la nature et
choquent la raison, et tous ces préjugés horribles qui
placent au rang des vertus l'honneur de répandre le sang
humain [1]. Les plus honnêtes gens apprirent à compter
parmi leurs devoirs celui d'égorger leurs semblables; on
185 vit enfin les hommes se massacrer par milliers sans savoir
pourquoi; et il se commettait plus de meurtres en un seul
jour de combat et plus d'horreurs à la prise d'une seule
ville, qu'il ne s'en était commis dans l'état de nature
durant des siècles entiers sur toute la surface de la terre.
190 Tels sont les premiers effets qu'on entrevoit de la division
du genre humain en différentes sociétés [2]. Revenons à
leurs institutions.

NI EN DROIT, NI MÊME EN FAIT, LE POUVOIR ARBITRAIRE N'A PU ÊTRE LE FONDEMENT DES GOUVERNEMENTS

Je sais que plusieurs [3] ont donné d'autres origines aux
sociétés politiques, comme les conquêtes du puissant ou
l'union des faibles, et le choix entre ces causes est indifférent
à ce que je veux établir; cependant celle que je viens d'expo-
5 ser me paraît la plus naturelle par les raisons suivantes :
1º Que, dans le premier cas, le droit de conquête n'étant
point un droit n'en a pu fonder aucun autre, le conquérant
et les peuples conquis restant toujours entre eux dans l'état
de guerre, à moins que la nation remise en pleine liberté
10 ne choisisse volontairement son vainqueur pour son chef.
Jusque là, quelques capitulations qu'on ait faites, comme
elles n'ont été fondées que sur la violence, et que par
conséquent elles sont nulles par le fait même, il ne peut y
avoir, dans cette hypothèse, ni véritable société, ni corps
15 politique, ni d'autre loi que celle du plus fort [4]. 2º Que ces

---

1. Même idée chez Pascal, La Bruyère, Voltaire. Elle se trouvait déjà chez Socrate, Cicéron, Sénèque. — 2. Sans société il peut y avoir des querelles individuelles, mais non des massacres de milliers de gens. — 3. Hobbes et d'Alembert. — 4. Hostile aux conquérants, Rousseau oppose catégoriquement la force et le droit. Il se souvient de l'article *Autorité* de l'*Encyclopédie*, rédigé par Diderot.

mots de *fort* et de *faible* sont équivoques dans le second cas ;
que, dans l'intervalle qui se trouve entre l'établissement du
droit de propriété ou de premier occupant et celui des gouvernements politiques, le sens de ces termes est mieux
20 rendu par ceux de *pauvre* et de *riche* [1], parce qu'en effet un
homme n'avait point, avant les lois, d'autre moyen d'assujettir ses égaux qu'en attaquant leur bien, ou leur faisant
quelque part du sien [2]. 3° Que les pauvres n'ayant rien
à perdre que leur liberté, c'eût été une grande folie à
25 eux de s'ôter volontairement le seul bien qui leur restait [3]
pour ne rien gagner en échange ; qu'au contraire les riches
étant, pour ainsi dire, sensibles dans toutes les parties
de leurs biens, il était beaucoup plus aisé de leur faire du
mal ; qu'ils avaient par conséquent plus de précautions à
30 prendre pour s'en garantir ; et qu'enfin il est raisonnable
de croire qu'une chose a été inventée par ceux à qui elle
est utile plutôt que par ceux à qui elle fait du tort [4].

Le gouvernement naissant n'eut point une forme constante et régulière. Le défaut de philosophie [5] et d'expé-
35 rience ne laissait apercevoir que les inconvénients présents [6],
et l'on ne songeait à remédier aux autres qu'à mesure qu'ils
se présentaient. Malgré tous les travaux des plus sages
législateurs, l'état politique demeura toujours imparfait,
parce qu'il était presque l'ouvrage du hasard, et que, mal
40 commencé [7], le temps, en découvrant les défauts et suggé-
rant des remèdes, ne put jamais réparer les vices de la constitution ; on raccommodait sans cesse, au lieu qu'il eût fallu
commencer par nettoyer l'aire et écarter tous les vieux
matériaux, comme fit Lycurgue [8] à Sparte, pour élever
45 ensuite un bon édifice. La société ne consista d'abord qu'en
quelques conventions générales que tous les particuliers
s'engageaient à observer, et dont la communauté se rendait
garante [9] envers chacun d'eux. Il fallut que l'expérience

---

1. Les rapports économiques sont à l'origine des rapports politiques. Il n'y a pas d'autorité de droit divin, il n'y a que des riches usurpateurs et des pauvres. — 2. Comme on apprivoise un animal par la nourriture. — 3. La liberté. — 4. Les pauvres n'ont aucun intérêt
à légaliser la propriété. — 5. Considérations générales sur les gouvernements et les États. —
6. L'homme n'a qu'une connaissance immédiate ; il se conduit et progresse d'après les
obstacles du moment. — 7. Parce que fondé sur une usurpation et non sur la justice naturelle.
— 8. *Nettoyer l'aire* : faire table rase du passé, comme dans la nuit du 4 août. *Lycurgue*
est un personnage mythique, inventé par l'aristocratie spartiate dont les patientes manœuvres (notamment les réformes de l'éphore Chilon au VIe siècle) visaient à s'attribuer
tout le pouvoir. Toute la pensée révolutionnaire a été influencée par le mythe spartiate
hérité de Rousseau et de Plutarque. — 9. Cette garantie est un germe de « contrat ».

montrât combien une pareille constitution était faible,
50 et combien il était facile aux infracteurs d'éviter la convic-
tion [1] ou le châtiment des fautes dont le public seul devait
être le témoin et le juge; il fallut que la loi fût éludée de
mille manières; il fallut que les inconvénients et les désordres
se multipliassent continuellement pour qu'on songeât enfin
55 à confier à des particuliers [2] le dangereux dépôt de l'autorité
publique, et qu'on commît à des magistrats le soin de
faire observer [3] les délibérations du peuple; car de dire
que les chefs furent choisis avant que la confédération
fût faite, et que les ministres des lois existèrent avant les
60 lois mêmes, c'est une supposition qu'il n'est pas permis
de combattre sérieusement [4].

Il ne serait pas plus raisonnable de croire que les peuples
se sont d'abord jetés entre les bras d'un maître absolu sans
conditions [5] et sans retour [6], et que le premier moyen de
65 pourvoir à la sûreté commune qu'aient imaginé des hommes
fiers et indomptés, a été de se précipiter dans l'esclavage.
En effet, pourquoi se sont-ils donné des supérieurs, si ce
n'est pour les défendre contre l'oppression, et protéger
leurs biens, leurs libertés et leurs vies, qui sont, pour ainsi
70 dire, les éléments constitutifs de leur être? Or, dans les
relations d'homme à homme, le pis qui puisse arriver à
l'un étant de se voir à la discrétion de l'autre, n'eût-il pas
été contre le bon sens de commencer par se dépouiller entre
les mains d'un chef des seules choses [7] pour la conservation
75 desquelles ils avaient besoin de son secours? Quel équivalent
eût-il pu leur offrir pour la concession d'un si beau droit?
et s'il eût osé l'exiger sous le prétexte de les défendre,
n'eût-il pas aussitôt reçu la réponse de l'apologue : « Que
nous fera de plus l'ennemi? » [8] Il est donc incontestable,
80 et c'est la maxime fondamentale de tout le droit politique,
que les peuples se sont donné des chefs pour défendre
leur liberté et non pour les asservir. *Si nous avons un*

---

1. Le fait d'être convaincus d'infraction. — 2. Jusqu'ici les lois n'étaient pas sanctionnées. Il
n'y avait ni gouvernement ni fonctionnaires, mais seulement un embryon de constitution. — 3.
Naissance d'un pouvoir exécutif. — 4. Elle est tellement absurde qu'il est inutile de la réfuter.
— 5. Sans un « contrat » précisant droits et devoirs réciproques. — 6. Le « contrat » est toujours révocable (par exemple grâce à des magistratures électives et annuelles, comme à
Rome), Rousseau (à la suite de Locke et Pufendorf) ne croit pas à une monarchie primitive.
— 7. Il serait absurde de se rendre esclave pour éviter l'esclavage. — 8. *Cf.* La Fontaine,
Fables (VI, 8, *le Vieillard et l'Âne*) : « Notre ennemi c'est notre maître » (fable inspirée de
Phèdre, I, 5).

prince, disait Pline à Trajan, *c'est afin qu'il nous préserve d'avoir un maître* [1].

85   Les politiques font sur l'amour de la liberté les mêmes sophismes que les philosophes ont faits sur l'état de nature : par les choses qu'ils voient ils jugent des choses très différentes qu'ils n'ont pas vues, et ils attribuent aux hommes un penchant naturel [2] à la servitude par la patience
90   avec laquelle ceux qu'ils ont sous les yeux supportent la leur, sans songer qu'il en est de la liberté comme de l'innocence et de la vertu, dont on ne sent le prix qu'autant qu'on en jouit soi-même, et dont le goût se perd sitôt qu'on les a perdues. « Je connais les délices de ton pays, disait
95   Brasidas à un satrape qui comparait la vie de Sparte à celle de Persépolis, mais tu ne peux connaître les plaisirs du mien. » [3]

Comme un coursier indompté hérisse ses crins, frappe la terre du pied et se débat impétueusement à la seule
100   approche du mors, tandis qu'un cheval dressé souffre patiemment la verge et l'éperon, l'homme barbare ne plie point sa tête au joug que l'homme civilisé porte sans murmure, et il préfère la plus orageuse liberté à un assujettissement tranquille. Ce n'est donc pas par l'avilissement
105   des peuples asservis qu'il faut juger des dispositions naturelles de l'homme pour ou contre la servitude, mais par les prodiges qu'ont faits tous les peuples libres pour se garantir de l'oppression. Je sais que les premiers ne font que vanter sans cesse la paix et le repos dont ils jouissent
110   dans leurs fers, et que *miserrimam servitutem pacem appellant* [4]; mais quand je vois les autres sacrifier les plaisirs, le repos, la richesse, la puissance et la vie même à la conservation de ce seul bien si dédaigné de ceux qui

---

1. Pline, *Panégyrique de Trajan*. Les empereurs antonins (qui représentent l'âge d'or de l'empire romain) gouvernaient avec modération, en respectant l'autorité du Sénat. Rousseau réfute la théorie exposée par Hobbes dans son *Léviathan*. — 2. Les philosophes prêtaient au primitif le raisonnement d'un civilisé. De même les politiques, dépourvus du sens de la perspective historique, confondant sauvage et domestique. — 3. Une fois endurci dans le péché, l'homme perd la grâce et le goût de l'innocence (Pascal, IVe *Provinciale*). *Brasidas* est un général spartiate. Les satrapes (gouverneurs du roi de Perse) étaient célèbres pour leur luxe. *Persépolis :* l'une des capitales du roi de Perse, aux richesses fabuleuses. *Les plaisirs* de Sparte étaient le brouet noir, les nuits froides passées à la belle étoile, au cours d'exercices guerriers sur les bords de l'Eurotas, le sentiment de la liberté, l'ivresse de la vertu. (Selon Hérodote cette réponse serait celle de Boulis et Sperthias; elle est rapportée notamment dans le *Contr'un* de La Boétie, l'ami de Montaigne). — 4. « Ils appellent paix la plus misérable des servitudes » (Tacite, *Histoires*, IV, 17). Discours du Batave Civilis soulevant les Gaulois contre la domination romaine.

l'ont perdu; quand je vois des animaux nés libres et
115 abhorrant la captivité, se briser la tête contre les barreaux
de leur prison; quand je vois des multitudes de sauvages
tout nus mépriser les voluptés européennes et braver la
faim, le feu, le fer et la mort pour ne conserver que leur
indépendance, je sens que ce n'est pas à des esclaves qu'il
120 appartient de raisonner de liberté.

● **« Ce n'est pas à des esclaves qu'il appartient de raisonner de liberté »**
    (l. 98-120)

Toute homme civilisé est esclave, s'il n'est pas citoyen d'une
démocratie comme celle de Sparte ou, peut-être, de Genève.
Nos civilisations s'éloignent toujours davantage de la nature et
affermissent notre esclavage. Le caractère naturel de l'homme
ne doit pas s'observer chez les sujets d'un roi absolu mais chez
les anciens Romains, les Spartiates ou les Suisses, ou chez les
animaux sauvages.
« Les sauvages tout nus » qui veulent conserver leur indépendance ont été loués par Montaigne dans le chapitre des « Coches »
(*Essais*, III, 6) :
« Quand je regarde cette ardeur indomptable de quoy tant de
milliers d'hommes, femmes et enfants, se presentent et rejettent
à tant de fois aux dangers inévitables, pour la deffence de leurs
dieux et de leur liberté : cette genereuse obstination de souffrir
toutes extremitez et difficultez, et la mort, plus volontiers que
de se soubmettre à la domination de ceux de qui ils ont esté si
honteusement abusez, et aucuns choisissans plustost de se laisser
defaillir par faim et par jeune, estans pris, que d'accepter le
vivre des mains de leurs ennemis, si vilement victorieuses, je
prevois que, à qui les eust attaquez pair à pair, et d'armes, et
d'experience, et de nombre, il y eust faict aussi dangereux, et
plus, qu'en autre guerre que nous voyons. »
Le texte de Rousseau, qui peut sembler une classique décla-
mation dans le style du « Paysan du Danube » (La Fontaine,
Fables, XI, 7), est une redoutable condamnation de l'Ancien
Régime, soi-disant de droit divin. On trouve des accents analogues chez Montaigne, qui reproche aux Juifs anciens de s'être
soumis à des rois. Montaigne s'était lui-même inspiré du *Contr'un*
de son ami La Boétie. Enfin le calvinisme présente des aspects
généralement républicains et préconise une aristocratie élective.
① Étudier la construction et la longueur des phrases (l. 98-120).
② Relever les images, les arguments et autres procédés de
rhétorique.
③ Après avoir lu ce texte à haute voix, essayer de définir ce
qu'il présente de séduisant, de grand, de suranné.
④ Ce passage n'est-il pas un reflet de la vie même de Rousseau ?

Quant à l'autorité paternelle, dont plusieurs ont fait dériver le gouvernement absolu et toute la société, sans recourir aux preuves contraires de Locke et de Sidney [1], il suffit de remarquer que rien au monde n'est plus éloigné de l'esprit
125 féroce du despotisme que la douceur de cette autorité qui regarde plus à l'avantage de celui qui obéit qu'à l'utilité de celui qui commande; que, par la loi de nature [2], le père n'est le maître de l'enfant qu'aussi longtemps que son secours lui est nécessaire, qu'au delà de ce terme ils
130 deviennent égaux, et qu'alors le fils, parfaitement indépendant du père, ne lui doit que du respect, et non de l'obéissance; car la reconnaissance est bien un devoir qu'il faut rendre, mais non pas un droit qu'on puisse exiger [3]. Au lieu de dire que la société civile dérive du pouvoir paternel,
135 il fallait dire au contraire que c'est d'elle que ce pouvoir tire sa principale force : un individu ne fut reconnu pour le père de plusieurs que quand ils restèrent assemblés autour de lui; les biens du père, dont il est véritablement le maître, sont les liens qui retiennent ses enfants dans sa
140 dépendance, et il peut ne leur donner part à sa succession qu'à proportion qu'ils auront bien mérité de lui par une continuelle déférence à ses volontés. Or, loin que les sujets [4] aient quelque faveur semblable à attendre de leur despote, comme ils lui appartiennent en propre, eux et tout ce
145 qu'ils possèdent, ou du moins qu'il le prétend ainsi, ils sont réduits à recevoir comme une faveur ce qu'il leur laisse de leur propre bien; il fait justice quand il les dépouille; il fait grâce quand il les laisse vivre [5].

En continuant d'examiner ainsi les faits par le droit [6],
150 on ne trouverait pas plus de solidité que de vérité dans l'établissement volontaire de la tyrannie, et il serait difficile de montrer la validité d'un contrat qui n'obligerait qu'une des parties [7], où l'on mettrait tout d'un côté et rien de

---

1. L'Anglais Filmer plaidait en faveur de la monarchie héréditaire. *Locke et Sidney* le réfutèrent. Sidney, républicain exécuté en 1683, soutenait que le roi, soumis à la loi, peut être déposé par le peuple. — 2. A l'état naturel, dès que le jeune animal peut chasser tout seul, il s'éloigne de ses parents. — 3. Décrivant dans son *Télémaque* la royauté idéale de Crète, Fénelon disait que les lois y punissent aussi l'ingratitude. — 4. Le sujet, qui est soumis toute sa vie durant, n'a point d'héritage à attendre du maître. — 5. Formules énergiques, amères, annonciatrices de la pensée révolutionnaire. Pourtant ce sont des lieux communs qui se trouvent déjà chez La Fontaine et dans ses sources. — 6. Rousseau juge et critique ce qui est, à l'aide de son sentiment inné de la justice. Grotius, au contraire, établit le droit par le fait. — 7. Il n'y a pas contrat si le peuple n'a que des devoirs et le despote a tous les droits. Donc la révolution est légitime.

l'autre, et qui ne tournerait qu'au préjudice de celui qui
155 s'engage. Ce système odieux est bien éloigné d'être, même
aujourd'hui, celui des sages et bons monarques, et surtout
des rois de France [1], comme on peut le voir en divers
endroits de leurs édits, et en particulier dans le passage
suivant d'un écrit célèbre, publié en 1667, au nom et par
160 les ordres de Louis XIV : « Qu'on ne dise donc point
» que le souverain ne soit pas sujet aux lois de son État,
» puisque la proposition contraire est une vérité du droit
» des gens, que la flatterie a quelquefois attaquée, mais
» que les bons princes ont toujours défendue comme une
165 » divinité tutélaire de leurs États. Combien est-il plus
» légitime de dire, avec le sage Platon, que la parfaite féli-
» cité d'un royaume est qu'un prince soit obéi de ses sujets,
» que le prince obéisse à la loi, et que la loi soit droite
» et toujours dirigée au bien public [2]! » Je ne m'arrêterai
170 point à rechercher si, la liberté étant la plus noble des facultés de l'homme, ce n'est pas dégrader sa nature, se mettre
au niveau des bêtes esclaves de l'instinct, offenser même
l'Auteur de son être [3], que de renoncer sans réserve
au plus précieux de tous ses dons, que de se soumettre
175 à commettre tous les crimes qu'il nous défend, pour
complaire à un maître féroce ou insensé, et si cet ouvrier
sublime [4] doit être plus irrité de voir détruire que déshonorer
son plus bel ouvrage.

[Je négligerai, si l'on veut, l'autorité de Barbeyrac, qui
180 déclare nettement, d'après Locke, que nul ne peut vendre
sa liberté jusqu'à se soumettre à une puissance arbitraire
qui le traite à sa fantaisie. *Car*, ajoute-t-il, *ce serait vendre
sa propre vie, dont on n'est pas le maître*.] (Éd. 1782). Je
demanderai seulement de quel droit ceux qui n'ont pas
185 craint de s'avilir eux-mêmes jusqu'à ce point, ont pu soumettre leur postérité à la même ignominie [5], et renoncer
pour elle à des biens qu'elle ne tient point de leur libéralité,

---

1. Rousseau prend ses précautions, et sa citation ne manque pas de sel. Il ne croit
guère en la bonté du roi de France. Tout le monde, à cette époque, comprenait l'allusion.
— 2. *Traité des droits de la reine très chrétienne sur divers États de la monarchie d'Espa-
gne*, 1667. Pour avoir un prétexte d'envahir les Pays-Bas, Louis XIV se disait « sujet aux
lois de son État » (qui l'obligeaient prétendument à prendre les armes). Fénelon ne
dira pas autre chose dans son *Télémaque*, dont certains passages déplurent au roi. —
3. Accepter de vivre sous un roi absolu, c'est offenser Dieu. — 4. Dieu. — 5. La pensée
s'affirme sans cesse avec plus de force. Partant de réflexions presque classiques, Rousseau
sape de plus en plus l'Ancien Régime.

et sans lesquels la vie même est onéreuse à tous ceux
qui en sont dignes [1].

190   Pufendorf dit que, tout de même qu'on transfère son
bien à autrui par des conventions et des contrats, on peut
aussi se dépouiller de sa liberté en faveur de quelqu'un.
C'est là, ce me semble, un fort mauvais raisonnement;
car, premièrement, le bien que j'aliène me devient une
195   chose tout à fait étrangère, et dont l'abus [2] m'est indifférent; mais il m'importe qu'on n'abuse point de ma liberté,
et je ne puis, sans me rendre coupable du mal qu'on me for-
cera de faire, m'exposer à devenir l'instrument du crime [3].
De plus, le droit de propriété n'étant que de convention et
200   d'institution humaine, tout homme peut à son gré disposer
de ce qu'il possède; mais il n'en est pas de même des dons
essentiels de la nature, tels que la vie et la liberté, dont
il est permis à chacun de jouir, et dont il est au moins dou-
teux qu'on ait droit de se dépouiller : en s'ôtant l'une on
205   dégrade son être, en s'ôtant l'autre on l'anéantit autant
qu'il est en soi; et, comme nul bien temporel [4] ne peut
dédommager de l'une et de l'autre, ce serait offenser à la
fois la nature et la raison que d'y renoncer à quelque prix
que ce fût. Mais quand on pourrait aliéner sa liberté
210   comme ses biens, la différence serait très grande pour les
enfants qui ne jouissent des biens du père que par trans-
mission de son droit, au lieu que la liberté étant un
don qu'ils tiennent de la nature en qualité d'hommes [5],
leurs parents n'ont eu aucun droit de les en dépouiller;
215   de sorte que, comme pour établir l'esclavage il a fallu faire
violence à la nature, il a fallu la changer pour perpétuer
ce droit; et les jurisconsultes qui ont gravement prononcé
que l'enfant d'une esclave naîtrait esclave, ont décidé en
d'autres termes qu'un homme ne naîtrait pas homme [6].

---

1. La postérité ne tient point sa liberté des ascendants mais de la nature. Sans liberté,
la vie est onéreuse. Celui qui ne tient pas à sa liberté n'est pas digne de vivre. — 2.
Pufendorf confond un bien extérieur, créé par l'homme, et un bien inné, inséparable de
la personne, reçu de Dieu. Celui qui acquiert un objet a le droit d'en « user et d'en abuser ».
— 3. Voltaire approuvait ce passage. L'histoire contemporaine a montré quels crimes
l'homme peut être amené à commettre, une fois qu'il a abdiqué sa liberté aux mains
d'un tyran. — 4. Aliéner sa liberté, c'est commettre une manière de suicide. Quels que
soient les avantages qu'on puisse espérer d'un quelconque gouvernement, aucun n'est
égal à la liberté ou à la vie. — 5. Les *hommes* naissent libres. Aucun roi, aucun seigneur
ne peut en faire des sujets ou des serfs, même avec leur consentement (*cf.* Déclaration des
droits de l'homme). Ces idées se retrouvent, à la même époque, chez Diderot. — 6. Donc
toute loi civile contraire au droit naturel est illégale.

220   Il me paraît donc certain que non seulement les gouvernements n'ont point commencé par le pouvoir arbitraire, qui n'en est que la corruption, le terme extrême [1], et qui les ramène enfin à la seule loi du plus fort dont ils furent d'abord le remède, mais encore que, quand même ils

225   auraient ainsi commencé, ce pouvoir étant par sa nature illégitime, n'a pu servir de fondement aux lois de la société, ni par conséquent à l'inégalité d'institution.

Sans entrer aujourd'hui dans les recherches qui sont encore à faire sur la nature du pacte fondamental de tout

230   gouvernement, je me borne, en suivant l'opinion commune, à considérer ici l'établissement du corps politique comme un vrai contrat [2] entre le peuple et les chefs qu'il se choisit ; contrat par lequel les deux parties s'obligent à l'observation des lois qui y sont stipulées et qui forment les liens

235   de leur union. Le peuple ayant, au sujet des relations sociales, réuni toutes ses volontés en une seule, tous les articles sur lesquels cette volonté s'explique deviennent autant de lois fondamentales qui obligent tous les membres de l'État sans exception [3], et l'une desquelles règle le choix

240   et le pouvoir des magistrats chargés de veiller à l'exécution des autres. Ce pouvoir s'étend à tout ce qui peut maintenir la constitution, sans aller jusqu'à la changer. On y joint des honneurs qui rendent respectables les lois et leurs ministres, et pour ceux-ci personnellement des préro-

245   gatives qui les dédommagent des pénibles travaux que coûte une bonne administration. Le magistrat [4], de son côté, s'oblige à n'user du pouvoir qui lui est confié que selon l'intention des commettants [5], à maintenir chacun dans la paisible jouissance de ce qui lui appartient, et à préférer

250   en toute occasion l'utilité publique à son propre intérêt [6].

---

1. Le despotisme est le dernier et le pire des régimes, le fruit d'une longue décadence qui, après un cycle déjà vu par Aristote (indiqué par Montesquieu), replonge les peuples dans un état pire que le premier. — 2. L'opinion commune est notamment celle de Diderot dans l'article « Autorité » de l'*Encyclopédie*. Un contrat s'oppose à la force, à l'arbitraire, à l'irrationnel. La pensée politique de l'*Émile* et du *Contrat social* est en germe dans ce *Discours*. Mais ici ce n'est encore qu'un contrat entre peuple et chefs. Plus tard ce sera une association pure, entre égaux. Parlant du contrat, Rousseau s'exprime au présent, quittant un moment la reconstitution historique et le passé. — 3. Le roi est le premier serviteur de la nation. — 4. Le pouvoir exécutif. — 5. *Le magistrat* n'est pas le propriétaire de son autorité ; il est l'employé des *commettants* c'est-à-dire de ceux qui lui ont confié, pour un temps, une charge. Rousseau pense au roi. — 6. Pour qu'une telle politique soit appliquée il faut avant tout une forte discipline morale, beaucoup de « vertu » politique. Ce passage rappelle le sage gouvernement de la Crète minoenne, décrit par Fénelon dans son *Télémaque*.

Avant que l'expérience eût montré, ou que la connaissance du cœur humain eût fait prévoir les abus inévitables
d'une telle constitution, elle dut paraître d'autant meilleure
que ceux qui étaient chargés de veiller à sa conservation
255 y étaient eux-mêmes les plus intéressés; car la magistrature
et ses droits n'étant établis que sur les lois fondamentales,
aussitôt qu'elles seraient détruites, les magistrats cesseraient d'être légitimes, le peuple ne serait plus tenu de leur
obéir, et comme ce n'aurait pas été le magistrat, mais la
260 loi qui aurait constitué l'essence de l'État, chacun rentre-
rait de droit dans sa liberté naturelle[1].

Pour peu qu'on y réfléchît attentivement, ceci se confir-
merait par de nouvelles raisons, et par la nature du contrat
on verrait qu'il ne saurait être irrévocable; car s'il n'y avait
265 point de pouvoir supérieur[2] qui pût être garant de la fidélité
des contractants, ni les forcer à remplir leurs engagements
réciproques, les parties demeureraient seules juges dans leur
propre cause, et chacune d'elles aurait toujours le droit de
renoncer au contrat sitôt qu'elle trouverait que l'autre
270 en enfreint les conditions, ou qu'elles cesseraient de lui
convenir. C'est sur ce principe qu'il semble que le droit
d'abdiquer peut être fondé. Or, à ne considérer, comme
nous faisons, que l'institution humaine, si le magistrat, qui
a tout le pouvoir en main et qui s'approprie tous les avan-
275 tages du contrat, avait pourtant le droit de renoncer à
l'autorité, à plus forte raison le peuple, qui paye toutes les
fautes des chefs, devrait avoir le droit de renoncer à la dépendance[3]. Mais les dissensions affreuses, les désordres infinis
qu'entraînerait nécessairement ce dangereux pouvoir,
280 montrent, plus que toute autre chose, combien les gouvernements humains avaient besoin d'une base plus solide
que la seule raison, et combien il était nécessaire au repos
public que la volonté divine intervînt pour donner à l'autorité souveraine un caractère sacré et inviolable qui ôtât

---

1. Tant que le sens civique, la conscience du contrat sont encore vivants dans tous les
esprits, toute infraction à la constitution commise par le magistrat rompt le contrat, dispense
le peuple d'obéir et n'a donc pas pour conséquence l'assujettissement, mais le retour, de
droit, à l'état antérieur. La Constitution de l'an I (1793) proclame que, si les magistrats
manquent à leur office, l'insurrection est pour le peuple « le plus saint et le plus sacré des
devoirs ». — 2. Une sorte de cour suprême, un Aréopage, ou encore la religion. Chez les
Romains, le respect des citoyens était renforcée par la religion du serment. — 3. Le
contrat est toujours révocable par les deux parties. Juste en théorie, cette idée peut paraître utopique et cause d'anarchie.

[285] aux sujets le funeste droit d'en disposer [1]. Quand la
religion n'aurait fait que ce bien aux hommes, c'en serait
assez pour qu'ils dussent tous la chérir et l'adopter,
même avec ses abus, puisqu'elle épargne encore plus de
sang que le fanatisme n'en fait couler [2]. Mais suivons
[290] le fil de notre hypothèse.

*Selon les différences entre particuliers, il se forma une
monarchie, une aristocratie ou une démocratie. D'un côté
furent les richesses, de l'autre fut la vertu. Toutes les magistratures furent d'abord électives. Puis vinrent les factions,
et l'ambition des « principaux » s'accrut...*

[...] et c'est ainsi que les chefs devenus héréditaires s'accoutumèrent à regarder leur magistrature comme un bien de
famille, à se regarder eux-mêmes comme les propriétaires
de l'État dont ils n'étaient d'abord que les officiers, à
[295] appeler leurs concitoyens leurs esclaves, à les compter,
comme du bétail, au nombre des choses qui leur appar-
tenaient, et à s'appeler eux-mêmes égaux aux dieux, et
rois des rois [3].

Si nous suivons le progrès de l'inégalité dans ces diffé-
[300] rentes révolutions, nous trouverons que l'établissement
de la loi et du droit de propriété fut son premier terme,
l'institution de la magistrature le second, que le troisième
et dernier fut le changement du pouvoir légitime en pouvoir
arbitraire ; en sorte que l'état de riche et de pauvre fut auto-
[305] risé par la première époque, celui de puissant et de faible
par la seconde, et par la troisième celui de maître et
d'esclave, qui est le dernier degré de l'inégalité, et le terme
auquel aboutissent enfin tous les autres, jusqu'à ce que de
nouvelles révolutions [4] dissolvent tout à fait le gouverne-
[310] ment, ou le rapprochent de l'institution légitime.

---

1. Précaution oratoire. Cette approbation du droit divin ne semble pas sincère puisqu'elle
contredit ce qui précède. Les seuls mots de *sujets... funeste* représentent le contraire de la
pensée du *Discours*. — 2. En enseignant la soumission au pouvoir, elle est plus utile que le
fanatisme religieux n'est nuisible. Dans *le Contrat social*, Rousseau proposera une religion
« civile ». Rappelons que Rousseau déconseillait la révolution et prêchait la soumission
aux lois. — 3. *Officiers :* chargés d'un office, d'un devoir. *Rois des rois :* les vrais rois sont
les citoyens ; c'est par une contradiction absurde que les « principaux » se prétendent rois.
Dans tous ses écrits politiques, Rousseau insiste sur le caractère révocable des charges
confiées par le peuple (le Souverain) au pouvoir exécutif qui peut être un collège d'aris-
tocrates élus ou un roi élu. On voit que, pour Rousseau, le peuple exerce le pouvoir
législatif mais non l'exécutif. — 4. Rousseau définit clairement le cycle : l'origine de la
corruption est économique. Tout État qui se fonde porte en lui-même le germe de sa
ruine, et seul le retour à un état plus naturel peut y remédier.

Pour comprendre la nécessité de ce progrès, il faut moins
considérer les motifs de l'établissement du corps politique
que la forme qu'il prend dans son exécution et les inconvénients qu'il entraîne après lui; car les vices qui rendent
315 nécessaires les institutions sociales sont les mêmes qui en
rendent l'abus inévitable [1]; et comme, excepté la seule
Sparte, où la loi veillait principalement à l'éducation des
enfants, et où Lycurgue établit des mœurs [2] qui les dis-
pensaient presque d'y ajouter des lois, les lois, en général
320 moins fortes que les passions, contiennent les hommes
sans les changer; il serait aisé de prouver que tout gouvernement qui, sans se corrompre ni s'altérer, marcherait toujours exactement selon la fin de son institution, aurait été
institué sans nécessité, et qu'un pays où personne n'élude-
325 rait les lois et n'abuserait de la magistrature, n'aurait besoin
ni de magistrats ni de lois [3].

Les distinctions politiques amènent nécessairement des
distinctions civiles. L'inégalité, croissant entre le peuple
et ses chefs, se fait bientôt sentir parmi les particuliers, et
330 s'y modifie en mille manières selon les passions, les talents
et les occurrences. Le magistrat ne saurait usurper un
pouvoir illégitime sans se faire des créatures [4] auxquelles
il est forcé d'en céder quelque partie. D'ailleurs, les
citoyens ne se laissent opprimer qu'autant qu'entraînés
335 par une aveugle ambition et regardant plus au-dessous
qu'au-dessus d'eux, la domination leur devient plus chère
que l'indépendance, et qu'ils consentent à porter des
fers pour en pouvoir donner à leur tour. Il est très difficile
de réduire à l'obéissance celui qui ne cherche point à

---

1. Cet abus est expliqué par un passage d'un manuscrit de la Bibliothèque nationale de
Paris, que Rousseau a supprimé dans son édition définitive : « En vain la Nation liera-
t-elle ses chefs par d'inutiles capitulations, ou par ces serments toujours violés qui ne
servent qu'à faire des parjures, et dont le magistrat amuse les peuples, comme on amuse
des enfants avec de fausses promesses sans nulle intention de les tenir; en vain se réserva-
t-elle le droit de veiller dans ses assemblées sur leur conduite: ils l'empêcheront tôt ou tard
de s'assembler, ou trouveront l'art d'acheter le citoyen qu'ils ne pourront effrayer, d'intimider celui qu'ils ne pourront corrompre, et de faire périr celui qu'ils ne pourront ni
corrompre ni intimider. Dès qu'il ne sera plus permis de se réunir· il sera aisé de faire
passer la juste indignation d'un peuple qui réclame sa liberté pour le murmure séditieux
d'un troupe de mutins. Tout homme qui aimera son pays sera traité de sujet rebelle, et
il deviendra plus dangereux de réclamer les lois que de les enfreindre. » — 2. Les lois ne
sont rien sans les *mœurs*. La politique est étroitement liée à la morale. Les lois politiques
à elles seules ne peuvent remédier aux vices moraux. — 3. Idée antique et chrétienne.
La vertu seule suffit à assurer paix et bonheur. Dans l'Eldorado de Voltaire (*Candide*),
il n'y a ni moines, ni tribunaux, ni prisons. — 4. Ce ne sont plus des « officiers » régulièrement élus, mais des favoris, des courtisans, des parasites complices.

[340] commander, et le politique le plus adroit ne viendrait pas à bout d'assujettir des hommes qui ne voudraient qu'être libres [1]. Mais l'inégalité s'étend sans peine parmi des âmes ambitieuses et lâches, toujours prêtes à courir les risques de la fortune, et à dominer ou servir presque indifférem-
[345] ment selon qu'elle leur devient favorable ou contraire. C'est ainsi qu'il dut venir un temps où les yeux du peuple furent fascinés à tel point que ses conducteurs n'avaient qu'à dire au plus petit des hommes : « Sois grand, toi et toute ta race [2] », aussitôt il paraissait grand à tout le
[350] monde ainsi qu'à ses propres yeux, et ses descendants s'élevaient encore à mesure qu'ils s'éloignaient de lui [3]; plus la cause était reculée et incertaine, plus l'effet augmentait; plus on pouvait compter de fainéants dans une famille, et plus elle devenait illustre [4].
[355] Si c'était ici le lieu d'entrer en des détails [5], j'expliquerais facilement comment [sans même que le gouvernement s'en mêle] (*Éd. 1782*) l'inégalité de crédit et d'autorité devient inévitable entre les particuliers **(19)**, sitôt que, réunis en une même société, ils sont forcés de se comparer
[360] entre eux, et de tenir compte des différences qu'ils trouvent dans l'usage continuel qu'ils ont à faire les uns des autres. Ces différences sont de plusieurs espèces; mais en général, la richesse, la noblesse ou le rang, la puissance et le mérite personnel étant les distinctions principales par lesquelles
[365] on se mesure dans la société, je prouverais que l'accord ou le conflit de ces forces diverses est l'indication la plus sûre d'un État bien ou mal constitué [6] : je ferais voir qu'entre ces quatre sortes d'inégalité, les qualités personnelles étant l'origine de toutes les autres, la richesse est la dernière
[370] à laquelle elles se réduisent à la fin, parce qu'étant la plus immédiatement utile au bien-être et la plus facile à communiquer, on s'en sert aisément pour acheter tout le reste.

---

1. On ne peut asservir les hommes qu'en flattant leurs vices. L'orgueil en est le plus grand. — 2. Critique de la noblesse, et de l'anoblissement conféré par le roi au plus « petit » des hommes, c'est-à-dire au plus servile et lâche. — 3. L'ancienneté de la noblesse en grandit la valeur. Rousseau montre que la noblesse n'est qu'une illusion. — 4. Comme la valeur de la noblesse est proportionnée à l'éloignement du mérite initial, elle est fondée sur le nombre de ceux qui l'ont héritée sans rien faire. Molière critique aussi la sottise et la morgue de certains nobles. Mais son intention est seulement de railler les ridicules qui nuisent à la bonne vie en société. Il ne se mêle pas de vouloir corriger le monde. — 5. En deux pages sont groupées un nombre considérable d'idées sur l'évolution sociale. — 6. La société à elle seule engendre toujours l'inégalité. Si la société est bien constituée, l'inégalité dépend du mérite personnel.

Observation qui peut faire juger assez exactement de la mesure dont chaque peuple s'est éloigné de son institution
375 primitive, et du chemin qu'il a fait vers le terme extrême de la corruption [1]. Je remarquerais combien ce désir universel de réputation, d'honneurs et de préférences, qui nous dévore tous, exerce et compare les talents et les forces, combien il excite et multiplie les passions, et
380 combien rendant tous les hommes concurrents, rivaux ou plutôt ennemis, il cause tous les jours de revers, de succès et de catastrophes de toute espèce, en faisant courir la même lice à tant de prétendants [2]. Je montrerais que c'est à cette ardeur de faire parler de soi, à cette fureur de se
385 distinguer [3] qui nous tient presque toujours hors de nous-mêmes, que nous devons ce qu'il y a de meilleur et de pire parmi les hommes, nos vertus et nos vices, nos sciences et nos erreurs, nos conquérants et nos philosophes, c'est-à-dire une multitude de mauvaises choses sur un petit
390 nombre de bonnes. Je prouverais enfin que si l'on voit une poignée de puissants et de riches au faîte des grandeurs et de la fortune, tandis que la foule rampe dans l'obscurité et dans la misère, c'est que les premiers n'estiment les choses dont ils jouissent qu'autant que les autres en sont privés,
395 et que, sans changer d'état, ils cesseraient d'être heureux si le peuple cessait d'être misérable [4].

Mais ces détails feraient seuls la matière d'un ouvrage considérable dans lequel on pèserait les avantages et les inconvénients de tout gouvernement, relativement aux
400 droits de l'état de nature, et où l'on dévoilerait toutes les faces différentes sous lesquelles l'inégalité s'est montrée jusqu'à ce jour, et pourra se montrer dans les siècles futurs selon la nature de ces gouvernements et les révolutions que le temps y amènera nécessairement [5]. On verrait

---

1. Le pire état est celui où l'on ne connaît plus que le culte de l'argent. — 2. La lutte pour la vie, au cours de laquelle l'homme est un loup pour l'homme, n'a pas lieu à l'état de nature (comme le disait Hobbes), mais dans une société évoluée. Toutefois, la sélection s'y fait à rebours car l'infériorité sociale et la supériorité morale sont toujours réunies, d'après Rousseau. — 3. Expressions qui pourraient s'appliquer à Voltaire et au monde littéraire du XVIIIe siècle. — 4. Ces réflexions contiennent en germe la lutte des classes. Le bonheur des riches ne vient pas du confort matériel dont ils disposent, mais de leur méchanceté foncière, du plaisir d'opprimer les pauvres. — 5. Rousseau songe à un vaste ouvrage comme le *Discours sur l'histoire universelle* de Bossuet, qui serait un livre de sociologie plus que d'histoire. Tout ce passage fait penser tantôt à la décadence des républiques antiques, tantôt à la royauté française du XVIIIe siècle.

405 la multitude opprimée au dedans par une suite des précautions mêmes qu'elle avait prises contre ce qui la menaçait
au dehors [1] ; on verrait l'oppression s'accroître continuellement sans que les opprimés pussent jamais savoir quel
terme elle aurait, ni quels moyens légitimes il leur resterait
410 pour l'arrêter. On verrait les droits des citoyens et les libertés nationales s'éteindre peu à peu, et les réclamations
des faibles traitées de murmures séditieux. On verrait la
politique restreindre à une portion mercenaire [2] du peuple
l'honneur de défendre la cause commune ; on verrait de là
415 sortir la nécessité des impôts, le cultivateur découragé
quitter son champ, même durant la paix, et laisser la charrue
pour ceindre l'épée [3]. On verrait naître les règles funestes
et bizarres du point d'honneur ; on verrait les défenseurs
de la patrie en devenir tôt ou tard les ennemis, tenir sans
420 cesse le poignard levé sur leurs concitoyens, et il viendrait
un temps où on les entendrait dire à l'oppresseur de leur
pays :

> *Pectore si fratris gladium juguloque parentis*
> *Condere me jubeas, gravidæque in viscera partu*
> *Conjugis, invita peragam tamen omnia dextra* [4].
>
> LUCAIN, I, v. 376.

De l'extrême inégalité des conditions et des fortunes,
de la diversité des passions et des talents, des arts inutiles,
425 des arts pernicieux, des sciences frivoles sortiraient des
foules de préjugés également contraires à la raison, au
bonheur et à la vertu : on verrait fomenter par les chefs [5]
tout ce qui peut affaiblir des hommes rassemblés en les
désunissant, tout ce qui peut donner à la société un air de
430 concorde apparente et y semer un germe de division réelle,

---

1. Pour se défendre contre les ennemis extérieurs, la masse a élu des généraux, a conféré à son dictateur des pouvoirs extraordinaires. — 2. L'armée de métier. Ces merce-
naires deviendront les janissaires ou les prétoriens d'un despote. Rousseau veut que la
patrie soit défendue par les soldats-citoyens. Ce sera le cas en 1793. Les armées permanentes sont également condamnées par Montesquieu (*Esprit des lois*, XI, 6). — 3. Le
cultivateur, découragé par les impôts, quitte le travail utile de la terre pour s'enrôler
comme mercenaire improductif. — 4. « Si tu m'ordonnes d'enfoncer le glaive dans la
poitrine de mon frère et dans la gorge de mon père, et dans les entrailles de mon épouse
enceinte, même à contrecœur, mon bras accomplira cependant tout. » — 5. Rousseau
semble évoquer ici un état oligarchique ou une situation semblable à celle que créèrent les
triumvirats à Rome au Iᵉʳ siècle avant J.-C. Ces idées se trouvent chez Salluste et dans les
Considérations de Montesquieu.

tout ce qui peut inspirer aux différents ordres une défiance
et une haine mutuelles par l'opposition de leurs droits et
de leurs intérêts, et fortifier par conséquent le pouvoir qui
les contient tous.

435   C'est du sein de ce désordre et de ces révolutions que le
despotisme, élevant par degrés sa tête hideuse et dévorant
tout ce qu'il aurait aperçu de bon et de sain dans toutes
les parties de l'État, parviendrait enfin à fouler aux pieds
les lois et le peuple, et à s'établir sur les ruines de la répu-
440   blique. Les temps qui précéderaient ce dernier changement
seraient des temps de troubles et de calamités; mais à la fin
tout serait englouti par le monstre, et les peuples n'auraient
plus de chefs ni de lois, mais seulement des tyrans. Dès cet
instant aussi il cesserait d'être question de mœurs et de
445   vertu; car partout où règne le despotisme, *cui ex honesto
nulla est spes* [1], il ne souffre aucun autre maître; sitôt qu'il
parle, il n'y a ni probité ni devoir à consulter, et la plus
aveugle obéissance est la seule vertu qui reste aux esclaves.

C'est ici le dernier terme de l'inégalité, et le point
450   extrême qui ferme le cercle et touche au point d'où nous
sommes partis : c'est ici que tous les particuliers
redeviennent égaux parce qu'ils ne sont rien, et que les
sujets n'ayant plus d'autre loi que la volonté du maître,
ni le maître d'autre règle que ses passions, les notions du
455   bien et les principes de la justice s'évanouissent derechef.
C'est ici que tout se ramène à la seule loi du plus fort, et
par conséquent à un nouvel état de nature différent de
celui par lequel nous avons commencé, en ce que l'un était
l'état de nature dans sa pureté, et que ce dernier est le fruit
460   d'un excès de corruption. Il y a si peu de différence d'ailleurs
entre ces deux états, et le contrat de gouvernement est
tellement dissous par le despotisme, que le despote n'est
le maître qu'aussi longtemps qu'il est le plus fort, et que
sitôt qu'on peut l'expulser, il n'a point à réclamer contre
465   la violence. L'émeute qui finit par étrangler ou détrôner
un sultan est un acte aussi juridique que ceux par lesquels
il disposait la veille des vies et des biens de ses sujets. La
seule force le maintenait, la seule force le renverse, toutes
choses se passent ainsi selon l'ordre naturel; et, quel que

---

1. « Qui n'a rien à espérer de la vertu. »

[470] puisse être l'événement[1] de ces courtes et fréquentes révolutions, nul ne peut se plaindre de l'injustice d'autrui, mais seulement de sa propre imprudence ou de son malheur.

Un espace immense sépare l'homme naturel de l'homme civil. Diogène et Caton étaient déplacés dans leur siècle où il n'y avait plus d'« homme ». Le citoyen est un homme altéré, aliéné, factice.

L'homme sauvage et l'homme policé diffèrent tellement par le fond du cœur et des inclinations, que ce qui fait le [475] bonheur suprême de l'un réduirait l'autre au désespoir. Le premier ne respire que le repos et la liberté, il ne veut que vivre et rester oisif, et l'ataraxie[2] même du stoïcien n'approche pas de sa profonde indifférence pour tout autre objet. Au contraire, le citoyen, toujours actif, sue, [480] s'agite, se tourmente sans cesse pour chercher des occupations encore plus laborieuses : il travaille jusqu'à la mort, il y court même pour se mettre en état de vivre, ou renonce à la vie pour acquérir l'immortalité; il fait sa cour aux grands qu'il hait et aux riches qu'il méprise; il n'épargne [485] rien pour obtenir l'honneur de les servir; il se vante orgueilleusement de sa bassesse et de leur protection, et, fier de son esclavage, il parle avec dédain de ceux qui n'ont pas l'honneur de le partager. Quel spectacle pour un Caraïbe que les travaux pénibles et enviés d'un ministre européen ! [490] Combien de morts cruelles ne préférerait pas cet indolent sauvage à l'horreur d'une pareille vie, qui souvent n'est pas même adoucie par le plaisir de bien faire? Mais, pour voir le but de tant de soins, il faudrait que ces mots, *puissance* et *réputation*, eussent un sens dans son esprit, qu'il apprît [495] qu'il y a une sorte d'hommes qui comptent pour quelque chose les regards du reste de l'univers, qui savent être heureux et contents d'eux-mêmes sur le témoignage d'autrui plutôt que sur le leur propre. Telle est, en effet, la véritable cause de toutes ces différences : le sauvage vit en lui-même; [500] l'homme sociable, toujours hors de lui, ne sait vivre que dans l'opinion des autres, et c'est, pour ainsi dire, de leur seul jugement qu'il tire le sentiment de sa propre existence.

---

1. L'issue. — 2. Calme de l'esprit, absence de toute agitation, que recherchait la sagesse stoïcienne.

L'hypocrite homme policé simule les vertus et même les vices. Il ne se connaît pas et se targue d'une fausse sagesse.

J'ai tâché d'exposer l'origine et le progrès de l'inégalité, l'établissement et l'abus des sociétés politiques, autant que
505 ces choses peuvent se déduire de la nature de l'homme par les seules lumières de la raison, et indépendamment des dogmes sacrés qui donnent à l'autorité souveraine la sanction du droit divin [1]. Il suit de cet exposé que l'inégalité, étant presque nulle dans l'état de nature, tire sa force et
510 son accroissement du développement de nos facultés et des progrès de l'esprit humain, et devient enfin stable et légitime par l'établissement de la propriété et des lois. Il suit encore que l'inégalité morale, autorisée par le seul droit positif [2], est contraire au droit naturel toutes les fois
515 qu'elle ne concourt pas en même proportion avec l'inégalité physique [3]; distinction qui détermine suffisamment ce qu'on doit penser à cet égard de la sorte d'inégalité qui règne parmi tous les peuples policés, puisqu'il est manifestement contre la loi de nature, de quelque manière qu'on la défi-
520 nisse, qu'un enfant commande à un vieillard [4], qu'un imbécile conduise un homme sage; et qu'une poignée de gens regorge de superfluités, tandis que la multitude affa-mée manque du nécessaire [5].

---

1. Répétition des formules de précaution énoncées au début. — 2. *Droit* institué par les hommes et différent du droit naturel. — 3. Étymologiquement, « physique » signifie : naturel. — 4. Les jeunes princes et nobles recevaient très tôt des commandements mili-taires ou autres, tandis que les roturiers vieillissaient dans les grades subalternes. — 5. Dans cette conclusion, Rousseau rappelle d'abord avec fermeté et clarté l'idée essentielle du *Discours*, puis, dans les dernières lignes, sur un ton plutôt amer, il invite le lecteur, par quelques exemples concrets (peut-être inspirés de Montaigne, I, 30), à juger lui-même l'Ancien Régime, à en déduire la nécessité de réformes. L'une de ces images sera reprise dans l'*Émile* (Livre II) : « Si jamais on vit spectacle indécent, odieux, risible, c'est un corps de magistrats, le chef à la tête, en habit de cérémonie, prosternés devant un enfant au maillot, qu'ils haranguent en termes pompeux, et qui crie et bave pour toute réponse. »

● **Le hideux despotisme** (p. 92, l. 435-448)

Le despotisme n'est pas une forme légale de gouvernement mais une maladie, une déchéance. Il est précédé de troubles, de convulsions semblables à ceux qui affligèrent le dernier siècle de la République romaine.
Il est la négation même de toute loi, de toute constitution, de tout contrat social. Il nous ramène à un état de nature décrit précédemment : celui où la propriété et la société existent, mais sans lois, de sorte qu'il y a des luttes continuelles.
Les révolutions de « sérail » se succèdent, seule la force compte.

● **L'évolution cyclique**

La succession des différents régimes (république ou monarchie, puis oligarchie, anarchie, despotisme) se fait par dégradation puis par réaction contre cette décadence de chaque constitution. L'avant-dernière étape est la licence, l'anarchie, la dernière le césarisme.

① Étudier (l. 435-472) la force du style, l'âpreté de la dialectique.

② Montrer ce que ce passage et celui qui précède doivent au chapitre IX des *Considérations* de Montesquieu.

● **Perte de la vertu naturelle** (l. 479-523)

Rousseau montre qu'au cours de l'histoire le caractère humain, les passions s'altèrent progressivement, le vrai s'effaçant devant le faux. Cette décadence a été exposée par Montesquieu dans son *Esprit des lois* (III, 3). Il y peint en termes énergiques la corruption des vertus civiques :
« Lorsque cette vertu cesse, l'ambition entre dans les cœurs qui peuvent la recevoir, et l'avarice entre dans tous. Les désirs changent d'objets : ce qu'on aimait, on ne l'aime plus ; on était libre avec les lois, on veut être libre contre elles ; chaque citoyen est comme un esclave échappé de la maison de son maître ; ce qui était maxime, on l'appelle rigueur ; ce qui était règle, on l'appelle gêne ; ce qui était attention, on l'appelle crainte. C'est la frugalité qui y est l'avarice, et non pas le désir d'avoir. Autrefois le bien des particuliers faisait le trésor public ; mais pour lors le trésor public devient le patrimoine des particuliers. La république est une dépouille ; et sa force n'est plus que le pouvoir de quelques citoyens et la licence de tous. »

● **L'homme naturel et le civilisé** *(ibid.)*

Le sauvage possède naturellement ce que les plus grands philosophes ont difficilement obtenu : la paix de l'âme. Le civilisé est dévoré, usé par l'ambition ; il abrège sa vie, oublie de vivre. Il agit à contrecœur. Ignorant que sa conscience devrait être son seul juge, il a inventé des mythes : *puissance et réputation* (l. 493-94) qui n'ont de sens que dans une société artificielle. Il ne sait pas être homme tout court, être lui-même. Il appartient à un milieu, à une coterie (cours, salons) aux règles desquels il obéit servilement. C'est un « faux-monnayeur ».

③ Rapprocher cette satire du civilisé de certains passages du *Discours sur les sciences et les arts.*

④ En vous reportant à la biographie, ou aux *Confessions*, montrez quelle part d'expérience personnelle entre dans ce double portrait.
L'homme « aliéné », mis en condition, a été peint dans *le Meilleur des mondes* de Huxley (1932).

d'abord que les Officiers, à appeller leurs concitoyens leurs ~~esclaves~~ esclaves, à les compter
comme du bétail au nombre des choses qui leur appartenoient, ~~et à~~
~~Les vieilles choses~~ s'appeller eux mêmes égaux aux ~~Dieux et Rois des Rois~~
~~et non de peuple, et les couronnes~~
~~vicieuses d'être furent couronnés pour servir d'~~ ~~terreur~~ une Loi ~~publique~~
mais celles qui plaçoient l'Etat dans la personne du ~~maître~~, ~~et qui sacri-~~
~~fioient le peuple à ses moindres intérêts furent les seules admises dans~~
les ~~Contrats~~

Si nous suivons le progrès de l'inégalité dans ces differentes révolutions, nous trouverons que l'~~établissement~~ de la Loy et du droit de propriété
fut son premier terme, l'institution de la magistrature le second, que
le troisième ~~fut~~ dernier fut le changement du pouvoir légitime en
pouvoir arbitraire, ensorte que l'état de riche et de pauvre fut autorisé
par la première époque, celui de puissant et de foible par la seconde,
et par la troisième celui de maître et d'esclave qui est le dernier degré
de l'inégalité, et le terme auquel aboutissent enfin tous les autres,
jusqu'à ce que de nouvelles révolutions dissolvent tout à fait le
gouvernement, ou le rapprochent de l'institution légitime.

Pour comprendre la nécessité de ce progrès, il faut moins
considérer les motifs de l'établiss~~ement~~ du corps politique que la
forme qu'il prend dans son exécution, et les abus inévitables qu'il entraîne après lui. Qu'y a t'il de meilleur que les Loix pour assujettir
tous les particuliers aux mêmes devoirs mutuels, et deffendre les foibles
contre la violence des ambitieux ? mais qui ne voit avec quelle facilité
ceux cy tirans avantage des précautions mêmes que l'on prend contr'eux,
profitent de toute la faveur des Loix dont ils bravent l'autorité, et s'en
servent en écrasant le ~~peuple~~ foible, pour lui oster le droit de se deffendre ?
Qu'y a t'il de plus utile que des Magistrats équitables et attentifs qui
veillent à la sureté des ~~particuliers~~ Citoyens, et les garantissent de l'oppression ?
Mais comment empêcher que ces magistrats ne deviennent oppresseurs eux mêmes,
et n'abusent du pouvoir qu'on leur confie, plus que n'en abuseroient
peut-être ceux qu'ils empêchent de l'usurper ? Qu'y a t'il enfin de plus
nécessaire à l'Etat qu'un Chef intrépide et prudent, toujours prompt
à pénétrer les projets des voisins suspects, et à faire tête à l'ennemi
déclaré ? mais si ce Chef préférant son intérêt au nôtre est lent à nous

Quin. fat. 6. ────── Quis custodiet ipsos
Custodes

Manuscrit du Discours sur l'inégalité
voir p. 143, l. 294 et suivantes

NOTES [1]

DE JEAN-JACQUES ROUSSEAU

(1) Dédicace, p. 11. *D'après Hérodote, Otanès, noble perse d'opinions républicaines, renonça à son droit à la couronne en échange du privilège d'être libre et indépendant, lui et sa postérité.*

(2) Préface, p. 14. *Rousseau cite avec éloge un passage de Buffon :* « *Nous ne cherchons qu'à* [...] *exister hors de nous* [...] *rarement faisons-nous usage de ce sens intérieur* [...] *dont il faut nous servir si nous voulons nous connaître.* »

(3) Discours, I, p. 26. *L'homme est-il naturellement bipède ou quadrupède ? Certes beaucoup d'enfants sauvages élevés dans les bois sont restés quadrupèdes. Mais de nombreux caractères anatomiques prouvent que l'homme est bipède : la manière dont la tête est attachée, l'absence de queue, la longueur des jambes, les articulations. L'exemple des enfants quadrupèdes ne prouve rien : leur déformation est le fruit de l'habitude* [2].

LA FERTILITÉ NATURELLE DE LA TERRE

(4) I, p. 27. *Pour prouver cette fertilité, Rousseau cite un passage de Buffon qui montre que les végétaux enrichissent le sol tandis que les animaux et les hommes l'appauvrissent. Ainsi les défricheurs finissent par transformer la forêt en désert* [3] *:*

On peut ajouter à cela la preuve de fait par la quantité d'arbres et de plantes de toute espèce, dont étaient remplies presque toutes les îles désertes qui ont été découvertes dans ces derniers siècles, et par ce que l'histoire nous

---

1. Dans son *Avertissement*, Rousseau explique pourquoi il a rejeté ces notes à la fin de son *Discours*. — 2. Dans cette note (3), Rousseau pressent la théorie évolutionniste mais ne l'accepte pas. — 3. *Cf.* à ce sujet le roman de Louis Bromfield, *Plaisante Vallée*.

⁵ apprend des forêts immenses qu'il a fallu abattre par toute
la terre à mesure qu'elle s'est peuplée ou policée. Sur quoi
je ferai encore les trois remarques suivantes. L'une, que s'il
y a une sorte de végétaux qui puissent compenser la déper-
dition de matière végétale qui se fait par les animaux, selon
¹⁰ le raisonnement de M. de Buffon, ce sont surtout les bois,
dont les têtes et les feuilles rassemblent et s'approprient
plus d'eaux et de vapeurs que ne font les autres plantes.
La seconde, que la destruction du sol, c'est-à-dire la perte
de la substance propre à la végétation, doit s'accélérer à
¹⁵ proportion que la terre est plus cultivée, et que les habitants plus industrieux consomment en plus grande abondance ses productions de toute espèce ¹. Ma troisième et
plus importante remarque est que les fruits des arbres
fournissent à l'animal une nourriture plus abondante
²⁰ que ne peuvent faire les autres végétaux, expérience que j'ai
faite moi-même, en comparant les produits de deux terrains
égaux en grandeur et en qualité, l'un couvert de châtai-
gniers et l'autre semé de blé.

1. Rousseau pressent l'appauvrissement des sols par la culture intensive des colons,
le gaspillage des réserves naturelles par la civilisation, la nécessité d'un équilibre naturel,
biologique, trop souvent rompu par l'homme ennemi de la nature.

● **Observation et intuition** (note 4, l. 17-23)

Type de raisonnement contestable parce que les conditions
d'une bonne expérimentation ne sont pas réunies. Comment
mesurera-t-on « l'abondance » de deux nourritures de nature
si différente? Le châtaignier prospère dans un sol pauvre,
léger, très peu calcaire, et tire sa nourriture principalement des
profondeurs. Le blé aime une terre lourde, riche, suffisamment
calcaire, bien fumée.
Dans une terre pauvre, le châtaignier rapportera, mais non
le blé. Dans une terre riche et compacte, le châtaignier dépérira
sans donner aucun fruit, et le blé, le maïs, fourniront une belle
récolte.
Mais ce qui est juste, chez Rousseau, c'est le sentiment fondamental : l'arbre est un élément conservateur de la vie et de
l'équilibre parce qu'il extrait et distribue les matières nutri-
tives des profondeurs du sol et qu'il les rend à la terre par
l'humus des feuilles. Les sages anciens, les poètes, ont toujours
respecté l'arbre.

L'HOMME NATURELLEMENT
FRUGIVORE

(5) I, p. 27. Parmi les quadrupèdes, les deux distinctions les plus universelles des espèces voraces se tirent, l'une de la figure des dents, et l'autre de la conformation des intestins. Les animaux qui ne vivent que de végétaux ont
5 tous les dents plates, comme le cheval, le bœuf, le mouton, le lièvre ; mais les voraces les ont pointues, comme le chat, le chien, le loup, le renard. Et quant aux intestins, les frugivores en ont quelques-uns, tels que le côlon, qui ne se trouvent pas dans les animaux voraces. Il semble donc que
10 l'homme, ayant les dents et les intestins comme les ont les animaux frugivores, devrait naturellement être rangé dans cette classe ; et non seulement les observations anatomiques confirment cette opinion, mais les monuments de l'antiquité [1] y sont encore très favorables. « Dicéarque,
15 » dit saint Jérôme, rapporte dans ses livres des *Antiquités* » *grecques*, que, sous le règne de Saturne, où la terre » était encore fertile par elle-même, nul homme ne mangeait de chair, mais que tous vivaient des fruits et des » légumes qui croissaient naturellement » (Lib. II, *adv.*
20 *Jovinian*).

[Cette opinion se peut encore appuyer sur les relations de plusieurs voyageurs modernes. François Corréal témoigne, entre autres, que la plupart des habitants des Lucayes que les Espagnols transportèrent aux îles de Cuba, de Saint-
25 Domingue et ailleurs, moururent pour avoir mangé de la chair [2].] (Éd. 1782). On peut voir par là que je néglige bien des avantages que je pourrais faire valoir. Car la proie étant presque l'unique sujet de combat entre les animaux

---

1. L'argument tiré des observations anatomiques est fort valable. Si l'homme a parfois été considéré comme omnivore, c'est en raison de la faculté d'adaptation de son organisme, modifié par l'habitude. L'exemple tiré de l'Antiquité est moins probant. Rousseau s'abstient de mentionner ici la *Genèse*, qu'il connaissait pourtant fort bien. Buffon, qui envisage la possibilité du végétarisme en 1753 (*H. N.*, t. VIII), réfutera Rousseau en 1764 : « L'abstinence de toute chair, loin de convenir à la nature, ne peut que la détruire : si l'homme y était réduit, il ne pourrait, du moins dans ces climats, ni subsister, ni se multiplier » (*H. N.*, t. XIV). — 2. La mort a pu être causée également par le déracinement et le changement trop brusque de régime alimentaire. Les Lucayes sont les îles Bahamas.

carnassiers et les frugivores vivant entre eux dans une paix
30 continuelle, si l'espèce humaine était de ce dernier
genre, il est clair qu'elle aurait eu beaucoup plus de facilité
à subsister dans l'état de nature, beaucoup moins de besoin
et d'occasions d'en sortir [1].

SUPÉRIORITÉ PHYSIQUE
DU SAUVAGE

(6) I, p. 28. Toutes les connaissances qui demandent
de la réflexion, toutes celles qui ne s'acquièrent que par
l'enchaînement des idées et ne se perfectionnent que successivement, semblent être tout à fait hors de la portée de
5 l'homme sauvage, faute de communication avec ses semblables, c'est-à-dire faute de l'instrument [2] qui sert à cette
communication, et des besoins qui la rendent nécessaire.
Son savoir et son industrie se bornent à sauter, courir, se
battre, lancer une pierre, escalader un arbre. Mais s'il ne
10 sait que ces choses, en revanche il les sait beaucoup mieux
que nous qui n'en avons pas le même besoin que lui; et
comme elles dépendent uniquement de l'exercice du corps
et ne sont susceptibles d'aucune communication ni d'aucun
progrès d'un individu à l'autre, le premier homme a pu y
15 être tout aussi habile que ses derniers descendants.
Les relations des voyageurs montrent la force et l'adresse
des Hottentots qui nagent, chassent, courent, visent d'une
façon extraordinaire. « Les Européens n'en approchent point.»

(7) I, p. 29. *Durée de la vie des hommes et des chevaux.*

(8) I, p. 29. *La nature a différencié frugivores et carnas-*
siers, notamment par le nombre des petits, plus grand chez

---

1. Les convictions végétariennes de Rousseau sont largement développées dans l'*Émile*
où il déconseille la viande à l'enfant et à la nourrice : « Notre premier aliment est le lait
[...]. Des fruits, des légumes, des herbes et enfin quelques viandes grillées, sans assaisonne-
ment et sans sel, firent les festins des premiers hommes [...]. Une des preuves que le goût
de la viande n'est pas naturel à l'homme, c'est l'indifférence que les enfants ont pour ce
mets-là, et la préférence qu'ils donnent tous à des nourritures végétales, tels que le laitage,
la pâtisserie, les fruits. » Puis Rousseau cite un passage de Plutarque exposant, non sans
emphase, les raisons qui militent en faveur du végétarisme, que prônait aussi Pythagore. —
2. La langue, les structures sociales.

les animaux et les oiseaux carnassiers que chez les autres.
Cela prouve que l'homme a été créé naturellement végé-
tarien.

ÉNUMÉRATION DES MALHEURS
CAUSÉS PAR L'ÉTAT SOCIAL

(9) I, p. 36. Un auteur célèbre [1], calculant les biens et les
maux de la vie humaine, et comparant les deux sommes,
a trouvé que la dernière surpassait l'autre de beaucoup,
et qu'à tout prendre, la vie était pour l'homme un assez
5 mauvais présent. Je ne suis point surpris de sa conclusion;
il a tiré tous ses raisonnements de la constitution de
l'homme civil : s'il fût remonté jusqu'à l'homme naturel,
on peut juger qu'il eût trouvé les résultats très différents,
qu'il eût aperçu que l'homme n'a guère de maux que ceux
10 qu'il s'est donnés lui-même, et que la nature eût été justifiée.
Ce n'est pas sans peine que nous sommes parvenus à nous
rendre si malheureux. Quand, d'un côté, l'on considère
les immenses travaux des hommes, tant de sciences appro-
fondies, tant d'arts inventés; tant de forces employées; des
15 abîmes comblés, des montagnes rasées, des rochers brisés,
des fleuves rendus navigables, des terres défrichées, des lacs
creusés, des marais desséchés, des bâtiments énormes élevés
sur la terre, la mer couverte de vaisseaux et de matelots;
et que, de l'autre, on recherche avec un peu de méditation
20 les vrais avantages qui ont résulté de tout cela pour le
bonheur de l'espèce humaine, on ne peut qu'être frappé
de l'étonnante disproportion qui règne entre ces choses,
et déplorer l'aveuglement de l'homme qui, pour nourrir
son fol orgueil et je ne sais quelle vaine admiration de lui-
25 même, le fait courir avec ardeur après toutes les misères
dont il est susceptible, et que la bienfaisante nature avait
pris soin d'écarter de lui.
Les hommes sont méchants, une triste et continuelle
expérience dispense de la preuve; cependant l'homme est
30 naturellement bon, je crois l'avoir démontré; qu'est-ce

---

1. Maupertuis, dans son *Essai de philosophie morale*, chap. II.

donc qui peut l'avoir dépravé à ce point, sinon les changements survenus dans sa constitution, les progrès qu'il a faits
et les connaissances qu'il a acquises? Qu'on admire tant
qu'on voudra la société humaine, il n'en sera pas moins
35 vrai qu'elle porte nécessairement les hommes à s'entre-
haïr à proportion que leurs intérêts se croisent, à se rendre
mutuellement des services apparents et à se faire en effet [1]
tous les maux imaginables. Que peut-on penser d'un
commerce [2] où la raison de chaque particulier lui dicte des
40 maximes directement contraires à celles que la raison
publique prêche au corps de la société, et où chacun trouve
son compte dans le malheur d'autrui? Il n'y a peut-être
pas un homme aisé à qui des héritiers avides, et souvent ses
propres enfants, ne souhaitent la mort en secret; pas un
45 vaisseau en mer dont le naufrage ne fût une bonne nouvelle
pour quelque négociant; pas une maison qu'un débiteur
de mauvaise foi ne voulût voir brûler avec tous les papiers
qu'elle contient; pas un peuple qui ne se réjouisse des
désastres de ses voisins. C'est ainsi que nous trouvons
50 notre avantage dans le préjudice de nos semblables, et que
la perte de l'un fait presque toujours la prospérité de
l'autre; mais ce qu'il y a de plus dangereux encore, c'est que
les calamités publiques font l'attente et l'espoir d'une multitude de particuliers. Les uns veulent des maladies, d'autres
55 la mortalité, d'autres la guerre, d'autres la famine. J'ai vu
des hommes affreux pleurer de douleur aux apparences
d'une année fertile [3]; et le grand et funeste incendie de
Londres, qui coûta la vie ou les biens à tant de malheureux,
fit peut-être la fortune à plus de dix mille personnes.
60 Je sais que Montaigne blâme l'Athénien Démades [4] d'avoir
fait punir un ouvrier qui, vendant fort cher des cercueils,
gagnait beaucoup à la mort des citoyens : mais la raison
que Montaigne allègue étant qu'il faudrait punir tout le
monde, il est évident qu'elle confirme les miennes. Qu'on
65 pénètre donc, au travers de nos frivoles démonstrations
de bienveillance, ce qui se passe au fond des cœurs, et
qu'on réfléchisse à ce que doit être un état de choses où
tous les hommes sont forcés de se caresser et de se détruire

---

1. En fait, en réalité. — 2. Relations. — 3. Ces *hommes affreux* sont des trafiquants
accapareurs. De nos jours, une année d'abondance ruine les honnêtes producteurs en pro-
voquant la chute des cours. — 4. *Essais*, I, 22.

mutuellement, et où ils naissent ennemis par devoir et
70 fourbes par intérêt. Si l'on me répond que la société est
tellement constituée que chaque homme gagne à servir
les autres, je répliquerai que cela serait fort bien s'il ne
gagnait encore plus à leur nuire. Il n'y a point de profit
si légitime qui ne soit surpassé par celui qu'on peut faire
75 illégitimement, et le tort fait au prochain est toujours
plus lucratif que les services. Il ne s'agit donc plus que de
trouver les moyens de s'assurer l'impunité, et c'est à quoi
les puissants emploient toutes leurs forces, et les faibles
toutes leurs ruses.
80   L'homme sauvage, quand il a dîné, est en paix avec toute
la nature, et l'ami de tous ses semblables. S'agit-il quelquefois de disputer son repas? Il n'en vient jamais aux coups
sans avoir auparavant comparé la difficulté de vaincre
avec celle de trouver ailleurs sa subsistance; et, comme
85 l'orgueil ne se mêle pas du combat, il se termine par quelques coups de poing; le vainqueur mange, le vaincu va
chercher fortune, et tout est pacifié. Mais chez l'homme
en société, ce sont bien d'autres affaires : il s'agit premièrement de pourvoir au nécessaire, et puis au superflu; ensuite
90 viennent les délices, et puis les immenses richesses, et puis
des sujets, et puis des esclaves; il n'a pas un moment de
relâche; ce qu'il y a de plus singulier c'est que moins les
besoins sont naturels et pressants, plus les passions augmentent, et, qui pis est, le pouvoir de les satisfaire; de
95 sorte qu'après de longues prospérités, après avoir englouti
bien des trésors et désolé bien des hommes, mon héros finira
par tout égorger jusqu'à ce qu'il soit l'unique maître de
l'univers. Tel est en abrégé le tableau moral, sinon de la
vie humaine au moins des prétentions secrètes du cœur
100 de tout homme civilisé.
    Comparez sans préjugés l'état de l'homme civil avec
celui de l'homme sauvage, et recherchez, si vous le pouvez,
combien, outre sa méchanceté, ses besoins et ses misères,
le premier a ouvert de nouvelles portes à la douleur et à la
105 mort. Si vous considérez les peines d'esprit qui nous
consument, les passions violentes qui nous épuisent et
nous désolent, les travaux excessifs dont les pauvres sont
surchargés, la mollesse encore plus dangereuse à laquelle
les riches s'abandonnent, et qui font mourir les uns de leurs
110 besoins et les autres de leurs excès. Si vous songez aux

monstrueux mélanges des aliments, à leurs pernicieux
assaisonnements, aux denrées corrompues, aux drogues
falsifiées, aux friponneries de ceux qui les vendent, aux
erreurs de ceux qui les administrent, au poison des vais-
115 seaux [1] dans lesquels on les prépare; si vous faites attention
aux maladies épidémiques engendrées par le mauvais air
parmi des multitudes d'hommes rassemblés, à celles qu'oc-
casionnent la délicatesse de notre manière de vivre, les
passages alternatifs de l'intérieur de nos maisons au grand
120 air, l'usage des habillements pris ou quittés avec trop peu
de précaution, et tous les soins que notre sensualité excessive a tournés en habitudes nécessaires, et dont la négligence
ou la privation nous coûte ensuite la vie ou la santé; si
vous mettez en ligne de compte les incendies et les trem-
125 blements de terre [2] qui, consumant ou renversant des villes
entières, en font périr les habitants par milliers; en un mot,
si vous réunissez les dangers que toutes ces causes assem-
blent continuellement sur nos têtes, vous sentirez combien
la nature nous fait payer cher le mépris que nous avons
130 fait de ses leçons.

Je ne répéterai point ici sur la guerre ce que j'en ai dit
ailleurs; mais je voudrais que les gens instruits voulussent
ou osassent donner une fois au public le détail des horreurs
qui se commettent dans les armées par les entrepreneurs
135 des vivres et des hôpitaux : on verrait que leurs manœuvres,
non trop secrètes, par lesquelles les plus brillantes armées
se fondent en moins de rien, font plus périr de soldats
que n'en moissonne le fer ennemi. C'est encore un calcul
non moins étonnant que celui des hommes que la mer
140 engloutit tous les ans, soit par la faim, soit par le scorbut,
soit par les pirates, soit par le feu, soit par les naufrages.
Il est clair qu'il faut mettre aussi sur le compte de la propriété établie, et par conséquent de la société, les assassinats,
les empoisonnements, les vols de grands chemins, et les pu-
145 nitions mêmes de ces crimes, punitions nécessaires pour
prévenir de plus grands maux, mais qui, pour le meurtre
d'un homme, coûtant la vie à deux ou davantage, ne laissent

---

1. Rousseau croyait que la vaisselle de cuivre était toxique. (Les recherches contempo-
raines ont incriminé le plomb, l'aluminium, les matières plastiques). — 2. Si les hommes
vivaient dispersés et non entassés dans les villes, *les tremblements de terre* feraient très peu
de victimes. Le désastre de Lisbonne est du 1er novembre 1755. Rousseau se servira de cet
argument dans sa *Lettre à Voltaire* (1756) pour réfuter le *Poème sur le désastre de Lisbonne*.

pas de doubler réellement la perte de l'espèce humaine.
Combien de moyens honteux d'empêcher la naissance
150 des hommes et de tromper la nature?

Rousseau blâme diverses pratiques honteuses et contraires
à la nature, notamment « l'exposition des enfants ».

[Mais n'est-il pas mille cas plus fréquents et plus dangereux encore, où les droits paternels offensent ouvertement
l'humanité? Combien de talents enfouis et d'inclinations
forcées par l'imprudente contrainte des pères! Combien
155 d'hommes se seraient distingués dans un état sortable,
qui meurent malheureux et déshonorés dans un autre
état pour lequel ils n'avaient aucun goût! Combien de
mariages heureux, mais inégaux, ont été rompus ou trou-
blés, et combien de chastes épouses déshonorées par cet
160 ordre des conditions toujours en contradiction avec celui
de la nature! Combien d'autres unions bizarres formées
par l'intérêt et désavouées par l'amour et par la raison!
Combien même d'époux honnêtes et vertueux font mutuellement leur supplice pour avoir été mal assortis! Combien
165 de jeunes et malheureuses victimes de l'avarice de leurs
parents se plongent dans le vice ou passent leurs tristes
jours dans les larmes, et gémissent dans des liens indisso-
lubles que le cœur repousse et que l'or seul a formés!
Heureuses quelquefois celles que leur courage et leur
170 vertu même arrachent à la vie, avant qu'une violence
barbare les force à la passer dans le crime ou dans le désespoir. Pardonnez-le-moi, père et mère à jamais déplorables :
j'aigris à regret vos douleurs; mais puissent-elles servir
d'exemple éternel et terrible à quiconque ose, au nom même
175 de la nature, violer le plus sacré de ses droits!
Si je n'ai parlé que de ces nœuds mal formés qui sont
l'ouvrage de notre police, pense-t-on que ceux où l'amour
et la sympathie ont présidé soient eux-mêmes exempts
d'inconvénients?] (Éd. 1782).
180 Que serait-ce si j'entreprenais de montrer l'espèce
humaine attaquée dans sa source même, et jusque dans
le plus saint de tous les liens [1], où l'on n'ose plus écouter

---

1. Le mariage.

la nature qu'après avoir consulté la fortune! [...] Mais,
sans déchirer le voile qui couvre tant d'horreurs, conten-
185 tons-nous d'indiquer le mal auquel d'autres doivent apporter le remède.

Qu'on ajoute à tout cela cette quantité de métiers mal-
sains qui abrègent les jours ou détruisent le tempérament,
tels que sont les travaux des mines, les diverses préparations
190 des métaux, des minéraux, surtout du plomb, du cuivre,
du mercure, du cobalt, de l'arsenic, du réalgar [1]; ces
autres métiers périlleux qui coûtent tous les jours la vie
à quantité d'ouvriers, les uns couvreurs, d'autres char-
pentiers, d'autres maçons, d'autres travaillant aux carrières;
195 qu'on réunisse, dis-je, tous ces objets, et l'on pourra voir
dans l'établissement et la perfection des sociétés, les raisons
de la diminution de l'espèce, observée par plus d'un philosophe [2].

*Nouvelle diatribe contre le luxe, faux remède contre le
pauperisme créé par la civilisation. L'agriculture est le
moins lucratif des arts. Ceux-ci sont lucratifs en raison inverse
de leur utilité.*

Telles sont les causes sensibles de toutes les misères où
200 l'opulence précipite enfin les nations les plus admirées.
A mesure que l'industrie et les arts s'étendent et fleurissent,
le cultivateur méprisé, chargé d'impôts nécessaires à l'en-
tretien du luxe, et condamné à passer sa vie entre le travail
et la faim, abandonne ses champs pour aller chercher dans
205 les villes le pain qu'il y devrait porter. Plus les capitales
frappent d'admiration les yeux stupides du peuple, plus
il faudrait gémir de voir les campagnes abandonnées,
les terres en friche, et les grands chemins inondés de malheureux citoyens devenus mendiants ou voleurs, et destinés
210 à finir un jour leur misère sur la roue ou sur un fumier. C'est
ainsi que l'État s'enrichissant d'un côté, s'affaiblit et se
dépeuple de l'autre, et que les plus puissantes monarchies,
après bien des travaux pour se rendre opulentes et désertes,
finissent par devenir la proie des nations pauvres qui

---

1. Sulfure naturel d'arsenic. — 2. Montesquieu, *Lettres persanes*, 112-122.

215 succombent à la funeste tentation de les envahir, et qui
s'enrichissent et s'affaiblissent à leur tour, jusqu'à ce
qu'elles soient elles-mêmes envahies et détruites par
d'autres.

*Les barbares du Nord, dont les multitudes inondaient jadis
l'Europe policée, voient leur population diminuer depuis qu'ils
sont civilisés, comme si les arts, les sciences et les lois
avaient été inventés pour prévenir la surpopulation.*

Quoi donc? Faut-il détruire les sociétés, anéantir le tien
220 et le mien, et retourner vivre dans les forêts avec les ours [1]?
Conséquence à la manière de mes adversaires, que j'aime
autant prévenir que de leur laisser la honte de la tirer. O
vous, à qui la voix céleste ne s'est point fait entendre [2], et
qui ne reconnaissez pour votre espèce d'autre destination
225 que d'achever en paix cette courte vie; vous qui pouvez
laisser au milieu des villes vos funestes acquisitions, vos
esprits inquiets, vos cœurs corrompus et vos désirs effrénés,
reprenez, puisqu'il dépend de vous, votre antique et première innocence; allez dans les bois perdre la vue et la
230 mémoire des crimes de vos contemporains, et ne craignez
point d'avilir votre espèce en renonçant à ses lumières pour
renoncer à ses vices. Quant aux hommes semblables à moi,
dont les passions ont détruit pour toujours l'originelle
simplicité, qui ne peuvent plus se nourrir d'herbe et
235 de gland, ni se passer de lois et de chefs; ceux qui furent
honorés dans leur premier père [3] de leçons surnaturelles;
ceux qui verront dans l'intention de donner d'abord aux
actions humaines une moralité qu'elles n'eussent de longtemps acquise, la raison d'un précepte [4] indifférent par
240 lui-même et inexplicable dans tout autre système; ceux,
en un mot, qui sont convaincus que la voix divine appela
tout le genre humain aux lumières et au bonheur des
célestes intelligences; tous ceux-là tâcheront, par l'exercice

---

1. Voltaire feignait de croire que Rousseau voulait nous faire marcher à quatre pattes. —
2. Il s'adresse à ceux qui n'ont pas déjà quitté le monde pour aller dans un couvent. —
3. Adam. — 4. Passage obscur que Voltaire traite de galimatias. Le *précepte* est peut-être
la défense de manger les fruits de « l'arbre de la connaissance du bien et du mal » (mentionné
dans la *Genèse*). Par là, nos actions reçoivent une moralité.

245 des vertus qu'ils s'obligent à pratiquer en apprenant à les
connaître, à mériter le prix éternel qu'ils en doivent
attendre; ils respecteront les sacrés liens des sociétés dont
ils sont les membres; ils aimeront leurs semblables et les
serviront de tout leur pouvoir; ils obéiront scrupuleuse-

● **Le bonheur impossible** (note 9, l. 1-27)

Tous les tourments que l'homme civil s'inflige en cherchant
le bonheur ne servent qu'à le rendre plus malheureux.

① Distinguer la position de Rousseau, du manichéisme de
Voltaire dans *Candide*.

● **Toute méchanceté vient de la société** (note 9, l. 28-100)

La société est ainsi constituée que l'homme civilisé ne peut être
heureux que par le malheur des autres. Le vice y est en fait
récompensé. Elle repose sur l'hypocrisie. Elle est contraire à la
conscience.

② Les malheurs énumérés par Rousseau ont-ils d'autres causes
que l'état social?

③ Qu'est-ce que ce passage doit à l'expérience personnelle de
Rousseau?

L'homme sauvage, quand il a dîné, est en paix avec toute la nature
(l. 80). Sans orgueil, sans rancune, sans mémoire de l'offense,
sans grands besoins, il ne peut devenir méchant.

● **Une vision prophétique** — Les passions sont absolues et illi-
mitées. L'homme civilisé est caractérisé par son impérialisme
qui se manifeste dans la lutte des classes, des nations : *Mon
héros finira par tout égorger jusqu'à ce qu'il soit l'unique maître de
l'univers* (l. 96-98). Psychologue pénétrant, Rousseau démasque
ces « prétentions secrètes ».

● **Une vue synthétique des causes physiques et morales de nos
maux** (note 9, l. 101-130)

Devançant les observations de la médecine contemporaine,
Rousseau constate que l'homme civil a le funeste pouvoir de
sécréter en lui-même des maladies nouvelles. Les causes en sont
les tracas, l'énervement, le surmenage, la sédentarité, la surali-
mentation, la sous-alimentation, la cuisine trop riche, la falsi-
fication alimentaire, l'abus des drogues, les poisons absorbés
inconsciemment, la pollution ambiante, l'excès de confort.

④ Comment ce paragraphe est-il construit?

● **Les horreurs criminelles et voulues** (note 9, l. 131-150)

Le brigandage ouvert ou caché est général. Mais la société est
responsable de tous les crimes, même de ceux qui se commettent
contre elle, même des châtiments qu'elle inflige. C'est une
conception toute moderne de la délinquance.

Les crimes familiaux consistent en mariages forcés, fondés uniquement sur l'intérêt. En 1760 Diderot racontera, dans *la Religieuse*, l'histoire d'une fille que sa famille met de force au couvent, pour la frustrer d'une part d'héritage.

Dans *la Nouvelle Héloïse*, un père contraint sa fille à épouser un autre homme que celui qu'elle aime.

● **La formation d'un prolétariat**

Voltaire prétend que le luxe fait vivre les pauvres. Mais pour Rousseau la richesse, le luxe des uns a créé la pauvreté des autres, qui sont forcés d'être valets ou misérables. Ses idées sont celles de La Bruyère et de Fénelon. Montesquieu, en général favorable au luxe, estime qu'il est fatal à la démocratie, nuisible dans les aristocraties.

● **L'abandon des campagnes** — Fénelon déjà conjurait Louis XIV de ramener ses peuples à l'agriculture. Développant une idée formulée dans le premier *Discours*, Rousseau montre comment la dépopulation des campagnes (due au luxe) crée des déclassés, des déracinés, favorise la délinquance.

⑤ Étudier le style de cette note. En quoi diffère-t-il de celui du *Discours* proprement dit? Comment se manifeste la sincérité de l'auteur?

⑥ Qu'est-ce qui fait la force et l'originalité de la pensée?

● **L'impossibilité du retour à la nature** (note 9, l. 219-259)

Rousseau est assez réaliste dans la pratique : aller dans les bois serait « avilir » l'espèce. Nous ne devons pas chercher à nous faire « sauvages », ni renoncer à nos lumières. C'est au fond de notre cœur, dans notre conscience que nous devons rester fidèles à la nature éternelle.

Le programme positif de vie naturelle sera donné dans *la Nouvelle Héloïse* et dans l'*Émile*. Mais Émile, quoique « naturel », ne vivra pas en sauvage. « Les besoins changent selon la situation des hommes. Il y a bien de la différence entre l'homme naturel vivant dans l'état de nature, et l'homme naturel vivant dans l'état de société. Émile n'est pas un sauvage à reléguer dans les déserts; c'est un sauvage fait pour habiter les villes. Il faut qu'il sache y trouver son nécessaire, tirer parti de leurs habitants, et vivre, sinon comme eux, du moins avec eux. »

⑦ Que pensez-vous de la sincérité de Rousseau et de son style dans la deuxième partie de ce paragraphe? Les protestations d'obéissance ne sont-elles pas contredites par la fin? Rappelons que Rousseau a toujours rêvé de paix, d'union, de fraternité, et aimé une certaine forme d'obéissance (*Cf. Confessions*, éd. Bordas, p. 38).

⑧ Comparer la pensée de Rousseau et celle de La Fontaine dans : « le Juge arbitre, l'Hospitalier et le Solitaire » (*Fables*, XII, 27).

250 ment aux lois, et aux hommes qui en sont les auteurs et les
ministres; ils honoreront surtout les bons et sages princes
qui sauront prévenir, guérir ou pallier cette foule d'abus
et de maux toujours prêts à nous accabler; ils animeront
le zèle de ces dignes chefs, en leur montrant, sans crainte
et sans flatterie, la grandeur de leur tâche et la rigueur de
255 leur devoir : mais ils n'en mépriseront pas moins une constitution qui ne peut se maintenir qu'à l'aide de tant de gens
respectables qu'on désire plus souvent qu'on ne les obtient,
et de laquelle, malgré tous leurs soins, naissent toujours
plus de calamités réelles que d'avantages apparents.

(10) I, p. 37. *Il y a des différences physiques très consi-*
dérables entre les races ou les nations humaines que la civili-
sation n'a pas encore uniformisées. Ces différences sont
dues à l'action continuelle des climats, des aliments, etc.
Des observateurs peu sagaces ont peut-être pris pour des
bêtes certains êtres qui seraient les véritables hommes
primitifs dispersés dans les bois.
Certains singes anthropoïdes pourraient être assimilés
à ces hommes sauvages. Tels sont les orangs-outangs aux
Indes orientales ou les « pongos » du Congo. Malheureuse-
ment les observations et les récits sont souvent contra-
dictoires. En outre, ces animaux adroits et forts ne savent
point entretenir un feu.

Quoi qu'il en soit, il est bien démontré que le singe n'est
pas une variété de l'homme, non seulement parce qu'il est
privé de la faculté de parler, mais surtout parce qu'on est
sûr que son espèce n'a point celle de se perfectionner, qui
5 est le caractère spécifique de l'espèce humaine. Expériences
qui ne paraissent pas avoir été faites sur le pongo et l'orang-
outang avec assez de soin pour en pouvoir tirer la même
conclusion. Il y aurait pourtant un moyen par lequel, si
l'orang-outang ou d'autres étaient de l'espèce humaine,
10 les observateurs les plus grossiers pourraient s'en assurer,
même avec démonstration : mais, outre qu'une seule
génération ne suffirait pas pour cette expérience, elle doit
passer pour impraticable, parce qu'il faudrait que ce qui
n'est qu'une supposition fût démontré vrai, avant que

[15] l'épreuve qui devrait constater le fait pût être tentée inno-
cemment [1].

L'enfant arriéré trouvé en 1694 en Lithuanie aurait été
pris pour une bête par des voyageurs ignares.

L'ANTHROPOLOGIE ET L'ETHNOLOGIE
RESTENT A CRÉER

Depuis trois ou quatre cents ans que les habitants de
l'Europe inondent les autres parties du monde et publient
sans cesse de nouveaux recueils de voyages et de relations,
[20] je suis persuadé que nous ne connaissons d'hommes que
les seuls Européens; encore paraît-il, aux préjugés ridicules
qui ne sont pas éteints, même parmi les gens de lettres,
que chacun ne fait guère, sous le nom pompeux d'étude
de l'homme, que celle des hommes de son pays. Les parti-
[25] culiers ont beau aller et venir, il semble que la philosophie
ne voyage point; aussi celle de chaque peuple est-elle peu
propre pour une autre. La cause de ceci est manifeste, au
moins pour les contrées éloignées : il n'y a guère que
quatre sortes d'hommes qui fassent des voyages de long
[30] cours, les marins, les marchands, les soldats et les missionnaires. Or on ne doit guère s'attendre que les trois premières classes fournissent de bons observateurs, et quant
à ceux de la quatrième, occupés de la vocation sublime qui
les appelle, quand ils ne seraient pas sujets à des préjugés
[35] d'état comme tous les autres, on doit croire qu'ils ne se
livreraient pas volontiers à des recherches qui paraissent
de pure curiosité, et qui les détourneraient des travaux
plus importants auxquels ils se destinent. D'ailleurs, pour
prêcher utilement l'Évangile, il ne faut que du zèle, et
[40] Dieu donne le reste [2]; mais, pour étudier les hommes, il
faut des talents que Dieu ne s'engage à donner à personne,
et qui ne sont pas toujours le partage des saints [3]. On

---

1. Pour Rousseau, le pongo et l'orang-outang ne sont pas précisément des singes. Il
n'admet pas de parenté entre le singe et l'homme mais il préfère abaisser le niveau de
l'homme primitif. Par là, il rejette le transformisme. On confondait alors le gorille, l'orang-
outang et le chimpanzé. — 2. La grâce, la science, l'efficacité. — 3. Ironie. Le fanatisme
religieux que Rousseau attribue aux missionnaires ne favorise pas l'observation impartiale.

n'ouvre pas un livre de voyages où l'on ne trouve des
descriptions de caractères et de mœurs; mais on est tout
45 étonné d'y voir que ces gens qui ont tant décrit de choses,
n'ont dit que ce que chacun savait déjà, n'ont su apercevoir,
à l'autre bout du monde, que ce qu'il n'eût tenu qu'à eux
de remarquer sans sortir de leur rue, et que ces traits vrais
qui distinguent les nations et qui frappent les yeux faits
50 pour voir, ont presque toujours échappé aux leurs. De là
est venu ce bel adage de morale, si rebattu par la tourbe
philosophesque [1], que les hommes sont partout les mêmes,
qu'ayant partout les mêmes passions et les mêmes vices,
il est assez inutile de chercher à caractériser les différents
55 peuples; ce qui est à peu près aussi bien raisonné que
si l'on disait qu'on ne saurait distinguer Pierre d'avec
Jacques, parce qu'ils ont tous deux un nez, une bouche et
des yeux.

    *Les vrais philosophes devraient voyager pour étudier
l'homme. Rousseau énumère les régions du globe qui n'ont
pas encore été visitées par de bons observateurs et souhaite
que de vrais savants comme Montesquieu, Buffon, Diderot,
etc., fassent l'histoire naturelle, morale, politique de ces
peuples.*

    (11) *I, p. 37. Paisible contentement de l'homme sauvage.*

    (12) *I (passage résumé p. 41-42). Locke soutient que
la nature a prescrit une union permanente entre l'homme
et la femme; il invoque pour preuve le fait qu'entre les
carnassiers cette société est plus durable que parmi les herbivores parce qu'elle doit servir à élever les petits.*

    *Personne n'a pu observer ou prouver que, chez les animaux
de proie, la société du mâle et de la femelle dure plus longtemps. On pourrait aussi faire le raisonnement inverse
et dire la même chose des herbivores. Les oiseaux domestiques prouvent le contraire.*

    *Les affirmations de Locke sur la naissance et la crois-
sance des enfants sont tout à fait discutables car, dans l'état
primitif, leur développement était probablement tout différent.*

---

1. Expression de mépris. En affectant un pessimisme hautain, certains se donnent un
air de sagesse.

L'homme primitif ne reconnaît pas ses propres enfants; rien ne prouve qu'il s'attachera à la femme : cette mémoire, cette préférence pour une même femme supposerait « plus de progrès ou de corruption dans l'entendement humain » que n'en a le primitif. Locke oublie que les hommes vivaient alors isolés et ne raisonnaient pas comme l'homme de la société [1].

(**13**) I *(passage résumé p. 41-42). On ne permettrait pas à Rousseau d'attaquer les erreurs vulgaires. Il cite un passage d'Isaac Vossius, montrant l'inutilité des langues, qu'il vaudrait mieux remplacer par des signes, des gestes, des rythmes* [2]. *Les animaux communiquent entre eux plus vite que les hommes.*

(**14**) I, p. 42. *Les nombres étaient difficiles à inventer car ils exigeaient la faculté d'abstraire l'essence des choses. L'idée représentative est différente de l'idée numérique.*

L'AMOUR-PROPRE ET L'AMOUR DE SOI-MÊME

(**15**) I, p. 46. Il ne faut pas confondre l'amour-propre et l'amour de soi-même, deux passions très différentes par leur nature et par leurs effets. L'amour de soi-même est un sentiment naturel qui porte tout animal à veiller à sa
5 propre conservation, et qui, dirigé dans l'homme par la raison et modifié par la pitié, produit l'humanité et la vertu. L'amour-propre n'est qu'un sentiment relatif, factice, et né dans la société, qui porte chaque individu à faire plus de cas de soi que de tout autre, qui inspire aux hommes
10 tous les maux qu'ils se font mutuellement, et qui est la véritable source de l'honneur.

Ceci bien entendu, je dis que, dans notre état primitif, dans le véritable état de nature, l'amour-propre n'existe pas; car chaque homme en particulier se regardant lui-
15 même comme le seul spectateur qui l'observe, comme le

---

1. Cette remarque a suscité des critiques indignées de Voltaire. Mais il ne faut pas croire que Rousseau prêche l'abandon de famille : il cherche simplement à fixer la limite entre l'état naturel et le premier phénomène d'association. — 2. La règle du silence existe dans certains ordres monastiques.

seul être dans l'univers qui prenne intérêt à lui, comme le seul juge de son propre mérite, il n'est pas possible qu'un sentiment qui prend sa source dans des comparaisons qu'il n'est pas à portée de faire puisse germer dans son
20 âme; par la même raison, cet homme ne saurait avoir ni haine ni désir de vengeance, passions qui ne peuvent naître que de l'opinion de quelque offense reçue; et comme c'est le mépris ou l'intention de nuire, et non le mal, qui constitue l'offense, des hommes qui ne savent ni s'apprécier
25 ni se comparer peuvent se faire beaucoup de violences mutuelles quand il leur en revient quelque avantage [1], sans jamais s'offenser réciproquement. En un mot, chaque homme, ne voyant guère ses semblables que comme il verrait des animaux d'une autre espèce, peut ravir la
30 proie au plus faible ou céder la sienne au plus fort, sans envisager ces rapines que comme des événements naturels, sans le moindre mouvement d'insolence ou de dépit, et sans autre passion que la douleur ou la joie d'un bon ou mauvais succès.

NOBLE MÉPRIS DU SAUVAGE POUR LA VIE CIVILISÉE

(16) II, p. 65. C'est une chose extrêmement remarquable que, depuis tant d'années que les Européens se tourmentent pour amener les sauvages de diverses contrées du monde à leur manière de vivre, ils n'aient pas pu encore
5 en gagner un seul, non pas même à la faveur du christianisme, car nos missionnaires en font quelquefois des chrétiens, mais jamais des hommes civilisés [2]. Rien ne

1. Ils peuvent se battre occasionnellement pour le partage d'une proie, mais il n'y aura ni haine ni vengeance, ni duels. Ce passage peut servir à réfuter le pessimisme de La Rochefoucauld dont Rousseau trouvait la lecture démoralisante. La distinction entre l'amour-propre et l'amour de soi-même sera développée dans l'*Émile*. Elle se trouve chez d'autres philosophes contemporains, notamment chez Vauvenargues : « Avec l'amour de nous-mêmes [...] on peut chercher hors de soi son bonheur; on peut s'aimer hors de soi plus que son existence propre; on n'est point à soi-même son unique objet. L'amour-propre, au contraire, subordonne tout à ses commodités et à son bien-être, il est à lui-même son seul objet et sa seule fin. » — 2. La pensée de Rousseau n'est pas tellement éloignée de la pure morale chrétienne qui réprouve également le luxe et se donne pour idéal la vie simple et patriarcale : l'innocence des sauvages et la simplicité chrétienne peuvent faire bon ménage. Il faut ajouter que ces missionnaires ne sont pas des abbés de salon.

peut surmonter l'invincible répugnance qu'ils ont à prendre
nos mœurs et vivre à notre manière. Si ces pauvres sau-
10 vages sont aussi malheureux qu'on le prétend, par quelle
inconcevable dépravation de jugement refusent-ils constamment de se policer à notre imitation ou d'apprendre à
vivre heureux parmi nous, tandis qu'on lit en mille endroits
que des Français et d'autres Européens se sont réfugiés
15 volontairement parmi ces nations, y ont passé leur vie
entière sans pouvoir plus quitter une si étrange manière
de vivre, et qu'on voit même des missionnaires sensés
regretter avec attendrissement les jours calmes et innocents qu'ils ont passés chez ces peuples si méprisés [1] ? Si
20 l'on répond qu'ils n'ont pas assez de lumières pour juger
sainement de leur état et du nôtre, je répliquerai que l'estimation du bonheur est moins l'affaire de la raison que du
sentiment. D'ailleurs cette réponse peut se rétorquer
contre nous avec plus de force encore; car il y a plus
25 loin de nos idées à la disposition d'esprit où il faudrait
être pour concevoir le goût que trouvent les sauvages à
leur manière de vivre, que des idées des sauvages à celles
qui peuvent leur faire concevoir la nôtre [2]. En effet, après
quelques observations, il leur est aisé de voir que tous nos
30 travaux se dirigent sur deux seuls objets : savoir [3], pour
soi les commodités de la vie, et la considération parmi
les autres. Mais le moyen pour nous d'imaginer la sorte
de plaisir qu'un sauvage prend à passer sa vie seul au
milieu des bois ou à la pêche, ou à souffler dans une
35 mauvaise flûte, sans jamais savoir en tirer un seul ton
et sans se soucier de l'apprendre?

On a plusieurs fois amené des sauvages [4] à Paris, à
Londres, et dans d'autres villes; on s'est empressé de leur
étaler notre luxe, nos richesses, et tous nos arts les plus
40 utiles et les plus curieux : tout cela n'a jamais excité chez
eux qu'une admiration stupide [5], sans le moindre mouve-

---

1. De nos jours, on pourrait multiplier ces observations. Le XIXe siècle a vu la naissance d'une littérature de l'évasion exotique. Citons simplement Baudelaire, Stevenson
(mort aux îles Samoa où il s'était fixé), Baden-Powell, éducateur « rousseauiste »
(1857-1941) qui a fait l'éloge des peuples sauvages chez lesquels il aimait vivre. —
2. Cf. Montaigne, Essais, I, 31, « Des cannibales : Il n'y a rien de barbare [...] en cette
nation [...] sinon que chacun appelle barbarie ce qui n'est pas de son usage. » — 3. C'est-à-
dire. — 4. La critique de nos mœurs par des étrangers ou des sauvages est un thème littéraire depuis les Lettres persanes jusqu'à Chateaubriand. — 5. Stupide n'a pas de sens péjo-
ratif. Le sauvage est simplement surpris et sans réaction.

ment de convoitise. Je me souviens entre autres de l'histoire d'un chef de quelques Américains septentrionaux
qu'on mena à la cour d'Angleterre il y a une trentaine
45 d'années. On lui fit passer mille choses devant les yeux
pour chercher à lui faire quelque présent qui pût lui plaire,
sans qu'on trouvât rien dont il parût se soucier. Nos
armes lui semblaient lourdes et incommodes, nos souliers
lui blessaient les pieds, nos habits le gênaient, il rebutait [1]
50 tout : enfin on s'aperçut qu'ayant pris une couverture de
laine, il semblait prendre plaisir à s'en envelopper les
épaules. « Vous conviendrez au moins, lui dit-on aussitôt,
de l'utilité de ce meuble [2] ? — Oui, répondit-il, cela me
paraît presque aussi bon qu'une peau de bête. » Encore
55 n'eût-il pas dit cela s'il eût porté l'une et l'autre à la
pluie.

Peut être me dira-t-on que c'est l'habitude qui, attachant
chacun à sa manière de vivre, empêche les sauvages de
sentir ce qu'il y a de bon dans la nôtre : et, sur ce pied-là,
60 il doit paraître au moins fort extraordinaire que l'habitude
ait plus de force pour maintenir les sauvages dans le goût
de leur misère que les Européens dans la jouissance de
leur félicité. Mais pour faire à cette dernière objection
une réponse à laquelle il n'y ait pas un mot à répliquer,
65 sans alléguer tous les jeunes sauvages qu'on s'est vaine-
ment efforcé de civiliser, sans parler des Groenlandais et
des habitants de l'Islande, qu'on a tenté d'élever et nourrir
en Danemark, et que la tristesse et le désespoir ont tous
fait périr, soit de langueur, soit dans la mer où ils avaient
70 tenté de regagner leur pays à la nage, je me contenterai
de citer un seul exemple bien attesté, et que je donne à
examiner aux admirateurs de la police européenne.

« Tous les efforts des missionnaires hollandais du cap de
» Bonne-Espérance n'ont jamais été capables de convertir
75 » un seul Hottentot. Van der Stel, gouverneur du Cap,
» en ayant pris un dès l'enfance, le fit élever dans les
» principes de la religion chrétienne, et dans la pratique
» des usages de l'Europe. On le vêtit richement, on lui
» fit apprendre plusieurs langues, et ses progrès répon-
80 » dirent fort bien aux soins qu'on prit pour son éducation.
» Le gouverneur, espérant beaucoup de son esprit,

1. Rejetait. — 2. *Meuble* a le sens d'objet (en général destiné au service d'une maison).

» l'envoya aux Indes avec un commissaire général qui
» l'employa utilement aux affaires de la compagnie. Il
» revint au Cap après la mort du commissaire. Peu de
85 » jours après son retour, dans une visite qu'il rendit à
» quelques Hottentots de ses parents, il prit le parti de se
» dépouiller de sa parure européenne pour se revêtir d'une
» peau de brebis. Il retourna au fort dans ce nouvel ajus-
» tement, chargé d'un paquet qui contenait ses anciens
90 » habits, et, les présentant au gouverneur, il lui tint ce
» discours : *Ayez la bonté, monsieur, de faire attention*
» *que je renonce pour toujours à cet appareil. Je renonce*
» *aussi pour toute ma vie à la religion chrétienne ; ma réso-*
» *lution est de vivre et de mourir dans la religion, les ma-*
95 » *nières et les usages de mes ancêtres. L'unique grâce que*
» *je vous demande est de me laisser le collier et le coutelas*
» *que je porte. Je les garderai pour l'amour de vous.* Aussi-
» tôt, sans attendre la réponse de Van der Stel, il se déroba
» par la fuite, et jamais on ne le revit au Cap [1] » (*Histoire*
100 » *des voyages*, tome V, page 175).

(17) II, p. 73. *Malgré le désordre et l'oppression, les*
hommes ne se sont point dispersés, parce qu'ils étaient
habitués au joug.

(18) II, p. 75. *On ne pend point un fripon qui dispose de*
cent mille écus.

(19) II, p. 89. La justice distributive s'opposerait même
à cette égalité rigoureuse de l'état de nature, quand elle
serait praticable dans la société civile; et, comme tous les
membres de l'État lui doivent des services proportionnés
5 à leurs talents et à leurs forces, les citoyens à leur tour
doivent être distingués et favorisés à proportion de leurs
services. C'est en ce sens qu'il faut entendre un passage
d'Isocrate dans lequel il loue les premiers Athéniens
d'avoir bien su distinguer quelle était la plus avantageuse

---

1. Cette anecdote pittoresque et quasi « édifiante », vulgarisée par l'imagerie, a peut-être fait plus pour le succès de Rousseau que les raisonnements les plus rigoureux et probants du *Discours*. Elle a aidé à créer le mythe du retour à l'état sauvage prétendument prôné par Rousseau. Mais ce seul exemple ne permet pas de généraliser. On peut seulement en conclure qu'il ne faut « déraciner » personne, et que le passage d'un état à un autre peut exiger, selon le mot de Bourget, une « étape ». De nos jours, un « sauvage » pourrait-il aussi facilement refuser la civilisation? Ne devrait-il pas s'assimiler, accepter le « progrès » ou périr? (*cf.* p. 72, notes 6, 7, et p. 127, thème 10).

¹⁰ des deux sortes d'égalité, dont l'une consiste à faire part
des mêmes avantages à tous les citoyens indifféremment,
et l'autre à les distribuer selon le mérite de chacun. Ces
habiles politiques, ajoute l'orateur, bannissant cette
injuste égalité qui ne met aucune différence entre les
¹⁵ méchants et les gens de bien, s'attachèrent inviolablement
à celle qui récompense et punit chacun selon son mérite [1].
Mais, premièrement, il n'a jamais existé de société, à quelque degré de corruption qu'elles aient pu parvenir, dans
laquelle on ne fît aucune différence des méchants et des
²⁰ gens de bien; et dans les matières de mœurs où la loi
ne peut fixer de mesure assez exacte pour servir de règle
au magistrat, c'est très sagement que, pour ne pas laisser
le sort ou le rang des citoyens à sa discrétion, elle lui inter-
dit le jugement des personnes, pour ne lui laisser que celui
²⁵ des actions. Il n'y a que des mœurs aussi pures que celles
des anciens Romains qui puissent supporter des censeurs [2];
et de pareils tribunaux auraient bientôt tout bouleversé parmi nous. C'est à l'estime publique à mettre de la différence
entre les méchants et les gens de bien. Le magistrat n'est
³⁰ juge que du droit rigoureux; mais le peuple est le véritable
juge des mœurs, juge intègre et même éclairé sur ce point,
qu'on abuse quelquefois, mais qu'on ne corrompt jamais [3].
Les rangs des citoyens doivent donc être réglés, non sur
leur mérite personnel, ce qui serait laisser au magistrat le
³⁵ moyen de faire une application presque arbitraire de la loi,
mais sur les services réels [4] qu'ils rendent à l'État, et qui
sont susceptibles d'une estimation plus exacte.

---

1. Rousseau n'est pas le naïf utopiste qu'on a parfois cru. Il ne croit pas, comme certains de ses disciples bornés ou fanatiques, au mythe de l'égalité absolue. Il autorise une inégalité civile proportionnelle à l'inégalité naturelle et aux services rendus à l'État. Ainsi la loi, aidée par l'estime publique, rétablit l'égalité et sanctionne non seulement la tâche accomplie, mais l'effort, l'intention, la peine. — 2. Il faut que les magistrats soient incorruptibles et les mœurs politiques intègres pour qu'on puisse, sans injustice ni arbitraire, juger non seulement les actions mais les personnes. Dans la Crète du *Télémaque*, on punissait l'avarice, la dissimulation, l'ingratitude. A Genève, la future mère de Rousseau avait été « grièvement censurée » par le Consistoire. Trois de ses tantes le furent pour avoir joué aux cartes après le prêche. — 3. Le peuple peut être trompé, mais il ne fait jamais exprès de mal juger (comme le ferait un magistrat corrompu). — 4. L'intention, le mérite personnel étant impossibles à apprécier ailleurs que dans une petite cité à l'antique, Rousseau propose de ne laisser juger que les faits extérieurs.

ÉTUDE DU « DISCOURS »

L'originalité
de Rousseau
dans le
deuxième « Discours »

On pourrait certes tenter de rédiger un catalogue des sources de Rousseau, montrer que les idées du deuxième *Discours* sont classiques, chrétiennes, empruntées à la Bible, à Bossuet, et surtout à Montaigne et Buffon. Mais ce qui est nouveau c'est la personnalité de l'écrivain (bien que celui-ci ne cède pas aux facilités du lyrisme). Elle s'exprime par des formules abruptes : *L'homme qui médite est un animal dépravé ; Écartons tous les faits ; Les fruits sont à tous, la terre n'est à personne*. On sent à chaque page l'expérience personnelle d'un homme sensible et frémissant qui écarte les livres pour observer à la fois la nature et la société. Même les lieux communs, que d'autres énonçaient avec une tranquille satisfaction, se chargent, chez Rousseau, d'un contenu affectif. L'orateur académique s'est transformé en tribun populaire, en logicien âpre. Des idées qui auraient passé inaperçues en d'autres temps tirent leur force de l'actualité, des allusions qu'elles renferment, et surtout du ton, du sentiment agressif. Telles sont les trois dernières lignes du *Discours* ou les passages qui démasquent l'hypocrisie, le règne de la brutalité, la pourriture du luxe. Mais la haine pour l'injustice est contenue par le souci d'être général, universel.

En plus de sa fermeté dialectique, de la clarté de ses conclusions, de la netteté avec laquelle sont définis les principes, ce deuxième *Discours* se recommande par son « orchestration ». Rousseau est un enchanteur qui séduit en alternant les thèmes, en déplaçant les accents, en variant les tons. Lorsqu'il s'agit de présenter au public des sujets austères, la science seule ne suffit pas. Voltaire s'en tire par la légèreté, le conte, l'esprit, par ses qualités de journaliste. Rousseau s'impose par un rythme, une harmonie qui peuvent paraître désordonnés à celui qui préfère la clarté prosaïque de Boileau ou de Voltaire.

Mais dans le détail le texte reste souvent très dense, parfois obscur ; il a été profondément médité et soigneusement corrigé. Il ne faut point se hâter de le condamner car l'objection que suscite tel passage se trouve réfutée parfois quelques pages plus loin. En présence d'un sujet mal défini, dont la substance mouvante se prêtait mal aux constructions logiques, où toutes les preuves pouvaient s'additionner dans un sens ou dans l'autre, Rousseau s'est efforcé de donner à sa pensée la cohérence qui manquait parfois au premier *Discours*, comme il l'a reconnu lui-même.

Principaux aspects
de la thèse
du deuxième « Discours »

La thèse dans son ensemble est
très solide, même si certains exemples de détail donnent lieu à des
raisonnements aisément réfutables.

1. Nous connaissons *de visu* le bon sauvage actuel. Il existe.
Cet état où les hommes sont modérément groupés, mais
libres, fut la jeunesse du monde (âge paléolithique?). Il n'y
a ni dépendance, ni division du travail.

2. Avant lui, l'enfance du monde, le bonheur édénique ne
peuvent être reconstitués que par le raisonnement, par l'appel
à notre conscience, au sentiment. L'homme naturel (qu'il
ait existé ou non) est une construction de l'esprit. Mais Rousseau lui donne vie par sa puissance imaginative.

3. Après « la jeunesse du monde » (1), la métallurgie, l'agriculture, la propriété (âge néolithique?) ont provoqué l'esclavage et les querelles sanglantes.

4. Le besoin de lois se faisant sentir, les riches ont fait un
complot pour usurper tous les pouvoirs, sous couleur de
faire un contrat.

5. Maintenant règne le despotisme. Toute sa hiérarchie est
absurde. Il faut démasquer et briser le complot des riches.

Par-delà cette thèse clairement formulée, on peut distinguer
les principes fondamentaux qui l'inspirent :

1. Dieu a créé l'homme naturellement bon; la conscience,
par laquelle Dieu se manifeste en nous, le prouve. Cet état
de nature est amour, paix, « transparence ».

2. Dieu n'est pas l'auteur du mal. Il peut tout, sauf créer
d'autres êtres aussi parfaits que lui (sinon ils seraient Dieu).
Il a donc créé aussi la matière, par laquelle le mal peut s'introduire.

3. L'homme n'est pas immuable (sinon il serait Dieu); il est
libre, perfectible (Dieu n'est pas perfectible, mais l'homme
doit l'être pour retourner à Dieu). Par là l'homme est fragile,
exposé au mal.

4. Le hasard qui introduit historiquement le mal est l'établissement de la propriété.
Avec l'instauration de la propriété, le pouvoir de l'homme
sur les choses dégénère en un pouvoir de l'homme sur
l'homme et en un asservissement de l'homme aux choses.

5. Il n'y a plus « transparence », amour et libre communication
entre hommes. L'homme s'est « aliéné », il appartient à
une société d'apparence, veut être riche non par besoin réel,
mais pour être considéré.

Rousseau s'oppose ainsi à certains rationalistes en affirmant que, de l'homme naturel au civilisé, il y a décrépitude, et non progrès ou reconquête sur Dieu du paradis dont il nous aurait frustrés. Mais il s'oppose aussi à la conception chrétienne d'une révélation primitive que le sauvage actuel dégénéré aurait oubliée. Pour lui, la « révélation » c'est la vertu primitive, inconsciente, qui respecte la loi naturelle.

Rousseau soulève encore des questions que les anthropologues et ethnologues modernes n'ont pas entièrement résolues. Ils ont voulu définir l'homme et le situer par rapport à l'univers; car de cette définition dépend la manière dont il sera traité, c'est-à-dire la morale, la politique. Ils ont donc recherché l'homme naturel. Or ni les études concernant les pithécanthropes de Java (Dubois, 1889; Koenigswald, 1937) ou l'atlanthrope (1955), classés comme « préhominiens », ni les découvertes concernant le sinanthrope (Pei, Black, Weidenreich, Teilhard de Chardin, 1921) ne semblent avoir apporté de certitudes utilisables ou de preuves définitives. Rousseau a donc raison d'écarter tous les faits (trop incertains), tous les livres (qui partent souvent d'idées préconçues, ou religieuses, ou matérialistes). C'est qu'il n'est pas un naturaliste mais un philosophe sociologue qui imagine, raisonne, définit, déduit, en partant surtout de l'expérience intérieure, de son introspection personnelle.

Place du « Discours » dans l'œuvre
Ce *Discours* contient en germe toutes les grandes œuvres de Rousseau.

Le *Discours sur l'inégalité* pose les principes dans l'absolu : conservons toujours présent à l'esprit le modèle de l'homme naturel primitif, et essayons de nous y conformer dans la mesure où les circonstances le permettent. La *Lettre à d'Alembert* nous donne un premier exemple concret : c'est la vie simple et saine des « Montagnons » des environs de Neuchâtel.

La Nouvelle Héloïse peut être considérée comme un roman faisant suite aux *Discours*. Nous y voyons un exemple de bonheur simple, dans un cadre naturel où la joie d'un amour innocent est contrariée par le préjugé social. *L'Émile* est la conséquence et l'application directe des définitions de l'homme naturel et de l'homme social. *L'Émile* nous montre dans quelle mesure on peut restaurer l'homme naturel ou du moins sauver ce qui peut l'être.

Le Contrat social montre comment la société, jusqu'ici cause de mal, pourrait servir à infléchir le processus grâce à la bonté naturelle de l'homme isolé. Le *Discours* présage *le Contrat social,* sous-entend la probabilité d'une révolution.

Enfin, dans le premier des *Dialogues (Rousseau juge de Jean-Jacques),* l'auteur montre le passage du bonheur transparent à l'obstacle, et comment l'homme naturel, idéal, peut subsister dans la société en cherchant l'objet, et non l'obstacle.

Conclusion   · La pensée de Rousseau a été longtemps défigurée par ses admirateurs maladroits autant que par ses ennemis. Une légende tenace s'est créée. Et peut-être la Révolution, par ses excès, a-t-elle aidé à le méconnaître en le faisant passer pour le père des terroristes. Au XIXe siècle ses idées politiques ont été condamnées non seulement par les royalistes mais aussi par certains socialistes. Ainsi il s'est trouvé relégué dans un domaine purement littéraire, comme poète, orateur, rêveur romantique, inventeur du sentiment de la nature. Actuellement, on redécouvre en lui le penseur profond, le dialecticien à l'argumentation difficilement réfutable.

Certes sa pensée n'est pas exempte de faiblesses, de sophismes. Son raisonnement est plus contestable lorsqu'il est expérimental que lorsqu'il écarte les faits. D'ailleurs la méthode expérimentale, quoique à la mode en 1750, n'en était qu'à ses débuts. Mais son mérite est d'avoir su écouter la voix de la conscience, d'avoir senti l'homme naturel immanent, c'est-à-dire toujours présent en nous. Il a prévu que l'évolution sociale et « civilisatrice » s'accentuerait toujours au point d'asservir l'homme à des besoins, des vices, des despotes toutpuissants jusqu'à ce qu'enfin le plus fort de ces despotes extermine tous les hommes pour régner seul. Car si personne n'a vu l'homme naturel, tous ont vu l'homme social d'une époque où « il faut s'enrichir à tout prix » : c'est le Père Grandet acheteur de biens nationaux, le Père Goriot accapareur au temps de la famine, ce sont les nouveaux riches et les parvenus, les adorateurs modernes de l'argent, flétris par Léon Bloy dans *le Sang du pauvre* (1909). C'est l'instrument de la surproduction et de la surconsommation; l'homme asservi, « mis en condition » par la civilisation de l'automobile et de la publicité, que décrit Georges Duhamel; l'homme qui se déifie lui-même comme l'a montré Camus. Par cette déification se trouve consommé jusqu'au bout le péché originel analysé dans le *Discours sur l'inégalité*. Quoique prophète, Rousseau n'est pas le rêveur, le vaticinateur délirant de la légende : s'il voit ou prévoit ce que d'autres n'ont pas vu, c'est grâce à la solidité de ses définitions, de sa méthode dialectique, grâce à l'étendue de ses lectures, à la variété de son expérience personnelle, à un certain réalisme.

Son étude de l'homme « naturel », c'est-à-dire pleinement « homme » et non instrument de production ou de domination, son analyse de la genèse des structures économiques et politiques peuvent servir à la définition de ce nouvel humanisme que notre siècle recherche au milieu de tant de convulsions.

DOCUMENTS ET JUGEMENTS

VOLTAIRE, Lettre à Rousseau (30 août 1755), après la publication du *Discours sur l'inégalité* :

> J'ai reçu, monsieur, votre nouveau livre contre le genre humain; je vous en remercie; vous plairez aux hommes à qui vous dites leurs vérités, mais vous ne les corrigerez pas. Vous peignez avec des couleurs bien vraies les horreurs de la société humaine, dont l'ignorance et la faiblesse se promettent tant de douceurs. On n'a jamais tant employé d'esprit à vouloir nous rendre bêtes [1].
>
> Il prend envie de marcher à quatre pattes quand on lit votre ouvrage. Cependant, comme il y a plus de soixante ans que j'en ai perdu l'habitude, je sens malheureusement qu'il m'est impossible de la reprendre, et je laisse cette allure naturelle à ceux qui en sont plus dignes que vous et moi. Je ne peux non plus m'embarquer pour aller trouver les sauvages du Canada; premièrement parce que les maladies auxquelles je suis condamné me rendent un médecin d'Europe nécessaire, secondement, parce que la guerre est portée dans ce pays-là, et que les exemples de nos nations ont rendu les sauvages presque aussi méchants que nous. Je me borne à être un sauvage paisible dans la solitude que j'ai choisie auprès de votre patrie, où vous devriez être.
>
> J'avoue avec vous que les belles lettres et les sciences ont causé quelquefois beaucoup de mal [...].

VOLTAIRE, *Dictionnaire philosophique*, article « Homme » (1771) :

> Que serait l'homme dans l'état qu'on nomme de *pure nature* ? Un animal fort au-dessous des premiers Iroquois qu'on trouva dans le nord de l'Amérique. Il serait très inférieur à ces Iroquois, puisque ceux-ci savaient allumer du feu et se faire des flèches. Il fallut des siècles pour parvenir à ces deux arts.
>
> L'homme abandonné à la pure nature n'aurait pour tout langage que quelques sons mal articulés; l'espèce serait réduite à un très petit nombre par la difficulté de la nourriture et par le défaut des secours, du moins dans nos tristes climats. Il n'aurait pas plus de connaissance de Dieu et de l'âme que des mathématiques, ses idées seraient renfermées dans le soin de se nourrir. L'espèce des castors serait très préférable.
>
> C'est alors que l'homme ne serait précisément qu'un enfant robuste; et on a vu beaucoup d'hommes qui ne sont pas fort au-dessus de cet état.

---

1. Contresens malveillant de Voltaire! Le but de Rousseau n'est pas le retour à l'état naturel ou à l'état d'enfance, mais une société de citoyens vertueux.

Les Lapons, les Samoïèdes, les habitants du Kamtchatka, les Cafres, les Hottentots sont à l'égard de l'homme en état de pure nature ce qu'étaient autrefois les cours de Cyrus et de Sémiramis en comparaison des habitants des Cévennes. Et cependant ces habitants du Kamtchatka et ces Hottentots de nos jours, si supérieurs à l'homme entièrement sauvage, sont des animaux qui vivent six mois de l'année dans des cavernes où ils mangent à pleines mains la vermine dont ils sont mangés.

ROUSSEAU, Réponse à Voltaire (10 septembre 1755) :

Vous voyez que je n'aspire pas à nous rétablir dans notre bêtise, quoique je regrette beaucoup, pour ma part, le peu que j'en ai perdu. A votre égard, Monsieur, ce retour serait un miracle, si grand à la fois et si nuisible, qu'il n'appartiendrait qu'à Dieu de le faire et qu'au Diable de le vouloir. Ne tentez donc pas de retomber à quatre pattes : personne au monde n'y réussirait moins que vous. Vous nous redressez trop bien sur nos deux pieds pour cesser de vous tenir sur les vôtres.

Je conviens de toutes les disgrâces qui poursuivent les hommes célèbres dans les lettres; je conviens même de tous les maux attachés à l'humanité et qui semblent indépendants de nos vaines connaissances. Les hommes ont ouvert sur eux-mêmes tant de sources de misères que quand le hasard en détourne quelqu'une, ils n'en sont guère moins inondés. D'ailleurs il y a dans le progrès des choses des liaisons cachées que le vulgaire n'aperçoit pas, mais qui n'échapperont point à l'œil du sage quand il voudra réfléchir [...]. Le goût des lettres et des arts naît chez un peuple d'un vice intérieur qu'il augmente; et s'il est vrai que tous les progrès humains sont pernicieux à l'espèce, ceux de l'esprit et des connaissances qui augmentent notre orgueil et multiplient nos égarements accélèrent bientôt nos malheurs. Mais il vient un temps où le mal est tel que les causes mêmes qui l'ont fait naître sont nécessaires pour l'empêcher d'augmenter : c'est le fer qu'il faut laisser dans la plaie de peur que le blessé n'expire en l'arrachant. Quant à moi, si j'avais suivi ma première vocation et que je n'eusse ni lu ni écrit, j'en aurais sans doute été plus heureux. Cependant, si les lettres étaient maintenant anéanties, je serais privé du seul plaisir qui me reste. C'est dans leur sein que je me console de tous mes maux : c'est parmi ceux qui les cultivent que je goûte les douceurs de l'amitié et que j'apprends à jouir de la vie sans craindre la mort. Je leur dois le peu que je suis; je leur dois même l'honneur d'être connu de vous; mais consultons l'intérêt dans nos affaires et la vérité dans nos écrits. Quoiqu'il faille des philosophes, des historiens, des savants pour éclairer le monde et conduire ses aveugles habitants; si le sage Memnon m'a dit vrai, je ne connais rien de si fou qu'un peuple de sages.

Rousseau, Lettre à Philopolis (écrite pour défendre le deuxième *Discours*) :

> Il faut des arts, des lois, des gouvernements aux peuples comme il faut des béquilles aux vieillards.

Diderot, *Supplément au voyage de Bougainville*, II (1772) :

> Laisse-nous nos mœurs; elles sont plus sages et plus honnêtes que les tiennes; nous ne voulons point troquer ce que tu appelles notre ignorance contre tes inutiles lumières. Tout ce qui nous est nécessaire et bon, nous le possédons. Sommes-nous dignes de mépris, parce que nous n'avons pas su nous faire des besoins superflus? Lorsque nous avons faim, nous avons de quoi manger; lorsque nous avons froid, nous avons de quoi nous vêtir. Tu es entré dans nos cabanes, qu'y manque-t-il à ton avis? Poursuis jusqu'où tu voudras ce que tu appelles les commodités de la vie; mais permets à des êtres sensés de s'arrêter, lorsqu'ils n'auraient à obtenir, de la continuité de leurs pénibles efforts, que des biens imaginaires. Si tu nous persuades de franchir l'étroite limite du besoin, quand finirons-nous de travailler? Quand jouirons-nous? Nous avons rendu la somme de nos fatigues annuelles et journalières la moindre qu'il était possible, parce que rien ne nous paraît préférable au repos. Va dans ta contrée t'agiter, te tourmenter tant que tu voudras; laisse-nous nous reposer : ne nous entête ni de tes besoins factices, ni de tes vertus chimériques. Regarde ces hommes, vois comme ils sont droits, sains et robustes. Regarde ces femmes; vois comme elles sont droites, saines, fraîches et belles. Prends cet arc, c'est le mien, appelle à ton aide un, deux, trois, quatre de tes camarades, et tâchez de le tendre. Je le tends moi seul. Je laboure la terre, je grimpe la montagne; je perce la forêt; je parcours une lieue de la plaine en moins d'une heure. Tes jeunes compagnons ont eu peine à me suivre; et j'ai quatre-vingt-dix ans passés. Malheur à cette île! malheur aux Taïtiens présents, et à tous les Taïtiens à venir, du jour où tu nous as visités!

Jean Starobinski, *Jean-Jacques Rousseau, La Transparence et l'Obstacle* (1957, p. 11).

> ... La conscience se tourne vers un monde antérieur, dont elle aperçoit tout ensemble qu'il lui a appartenu et qu'il est à jamais perdu. Au moment où le bonheur enfantin lui échappe, elle reconnaît le prix infini de ce bonheur interdit. Il ne lui reste plus alors qu'à construire poétiquement le mythe de l'époque révolue : autrefois, avant que le voile ne se soit interposé entre le monde et nous, il y avait des « dieux qui lisaient dans nos cœurs », et rien n'altérait la transparence et l'évidence des

âmes. Nous demeurions avec la vérité. Dans la biographie personnelle comme dans l'histoire de l'humanité, ce temps est situé plus près de la naissance, au voisinage de l'origine. Rousseau est l'un des premiers écrivains (il faudrait dire poètes) qui aient repris le mythe platonicien de l'exil et du retour pour l'orienter vers l'état d'enfance et non plus vers une patrie céleste.

Louis Millet, *La Pensée de Rousseau* (1966, p. 44) :

[Pour Rousseau...] l'essence de l'homme n'est pas de l'ordre de l'existence. Il en est ainsi parce que toutes les qualités constituant cette essence (instinct, entendement, etc.) ne suffisent pas à faire agir l'homme alors qu'elles *déterminent* l'animal et toutes ses conduites : l'homme réel reçoit des qualités naturelles *indéterminées parce qu'elles sont perfectibles ;* sa réalité va dépendre de lui, c'est-à-dire de son histoire. L'animal, déterminé par sa nature, n'a pas d'histoire [...]. Ni les propriétés couvertes par la perfectibilité, ni surtout celle-ci, ne doivent donc se suffire à elles-mêmes en vue de leur développement et de leur usage effectif. Autrement, l'histoire, en germe dans la nature, serait déjà écrite en elle. Or, sur ce point, Rousseau est catégorique et accepte tout ce qui est aventureux dans l'empirisme : l'avenir n'existe absolument pas. Il dépend de la circonstance. La perfectibilité de l'homme place ce dernier face au pur possible, c'est-à-dire à la rencontre [...]. L'histoire dépend à la fois de la perfectibilité et de la circonstance.

THÈMES DE RÉFLEXION

1. Peut-on comparer aux thèses du *Discours sur l'inégalité* cette réflexion de Jean Rostand : « L'homme n'est pas un *roi dépossédé,* mais un parvenu qui a de quoi s'épouvanter de sa puissance »?

2. Voltaire écrit dans son *Dictionnaire philosophique* (article « Égalité ») : « Le genre humain tel qu'il est ne peut subsister, à moins qu'il n'y ait une infinité d'hommes utiles qui ne possèdent rien du tout : car, certainement, un homme à son aise ne quittera pas sa terre pour venir labourer la vôtre; et si vous avez besoin d'une paire de souliers, ce ne sera pas un maître des requêtes qui vous la fera. L'égalité est donc à la fois la chose la plus naturelle et en même temps la plus chimérique. » Comparez ce point de vue à celui de Rousseau dans son *Discours.*

3. Recherchez ce que la Révolution française et notamment Robespierre doivent au *Discours sur l'inégalité*.

4. L'homme naturel et l'homme « citoyen » dans le *Discours*.

5. Montrez que, dans le *Discours sur l'inégalité*, se trouve contenue cette fière affirmation du *Contrat social* : « Renoncer à sa liberté, c'est renoncer à sa qualité d'homme, aux droits de l'humanité, même à ses devoirs. Une telle renonciation est incompatible avec la nature de l'homme. »

6. Expliquez ce jugement de B. Gagnebin : « [La] morale [de Rousseau] est fondée non plus sur la théologie ou la métaphysique, mais sur la nature et la dignité de l'homme destiné à se développer dans une société libre. »

7. En 1737, au cours d'un voyage à Montpellier, Rousseau est frappé par le contraste entre le luxe et la misère. Dans une de ses lettres il écrit : « Ces rues sont bordées alternativement de superbes hôtels et de misérables chaumières pleines de boue et de fumier. Les habitants y sont moitié très riches et l'autre moitié misérables à l'excès; mais ils sont tous également gueux par leur manière de vivre la plus vile et la plus crasseuse qu'on puisse imaginer. » Racontez la promenade de Rousseau à travers ces rues et imaginez ses méditations.

8. En partant de cette réflexion de M. Starobinski, vous étudierez la force intrinsèque et la portée du *Discours sur l'inégalité* : « Le *Discours sur l'inégalité* peut avoir tant de sources qu'il plaira aux érudits d'apercevoir; cette œuvre est elle-même une œuvre-source, à partir de laquelle on peut faire commencer toute la réflexion moderne sur la nature de la société. »

9. Rousseau écrit, dans la neuvième note du *Discours sur l'inégalité* : « Après de longues prospérités [...] après avoir englouti bien des trésors et désolé bien des hommes, mon héros [l'homme en société] finira par tout égorger jusqu'à ce qu'il soit l'unique maître de l'univers. Tel est en abrégé le tableau moral, sinon de la vie humaine, au moins des prétentions secrètes du cœur de tout homme civilisé. »
Qu'en pensez-vous?

10. Dans sa « Dernière Réponse » (à Bordes) à propos du *Discours sur les sciences et les arts*, Rousseau écrit : « Si j'étais chef de quelqu'un des peuples de la Nigritie [Soudan], je déclare que je ferais élever sur la frontière du pays une potence où je ferais pendre sans rémission le premier Européen qui oserait y pénétrer, et le premier citoyen qui tenterait d'en sortir. [...] il vaut mieux encore que [le citoyen] soit pendu que méchant. »
Ce procédé de ségrégation préventive vous paraît-il justifiable et susceptible de préserver les « bons sauvages » des maux qu'apporte la civilisation?

TABLE DES MATIÈRES

Imprimerie Berger-Levrault, Nancy – 778149-5-1985
Dépôt légal : mai 1985 — Dépôt 1re édition : 1968
Imprimé en France